SYNOPTISCHES ARBEITSBUCH
ZU DEN EVANGELIEN
BAND 5
SYNOPSE NACH JOHANNES

Synoptisches Arbeitsbuch zu den Evangelien

Die vollständigen Synopsen nach Markus, nach Mattäus,
nach Lukas, nach Johannes, mit den Parallelen aus
den nicht-kanonischen Vergleichstexten sowie einer Auswahlkonkordanz
Bearbeitet und konkordant übersetzt von
RUDOLF PESCH
in Zusammenarbeit mit Ulrich Wilckens und Reinhard Kratz

Benziger Verlag / Gütersloher Verlagshaus Gerd Mohn

Band 5

Synopse nach Johannes

Mit einer Auswahlkonkordanz
Bearbeitet und konkordant übersetzt von
RUDOLF PESCH

Benziger Verlag / Gütersloher Verlagshaus Gerd Mohn

CIP-Kurztitelaufnahme der Deutschen Bibliothek

Synoptisches Arbeitsbuch zu den Evangelien:
d. vollst. Synopsen nach Markus, nach Mattäus,
nach Lukas, nach Johannes, mit d. Parallelen aus
d. nicht-kanon. Vergleichstexten sowie e. Aus-
wahlkonkordanz/bearb. u. konkordant übers.
von Rudolf Pesch in Zsarb. mit Ulrich Wilckens
u. Reinhard Kratz. – Zürich; Einsiedeln; Köln:
Benziger; Gütersloh: Gütersloher Verlagshaus Mohn.
   Einheitssacht.: Evangelia ⟨dt.⟩
   Ausz.
   ISBN 3-545-23027-9 (Benziger);
   ISBN 3-579-03998-9 (Gütersloher Verlagshaus
   Mohn)

NE: Pesch, Rudolf [Bearb.]; EST

Bd. 5. → Synopse nach Johannes

Synopse nach Johannes : mit e. Auswahlkonkordanz
bearb. u. konkordant übers. von Rudolf Pesch. –
Zürich; Einsiedeln; Köln: Benziger; Güters-
loh: Gütersloher Verlagshaus Mohn, 1981.
   (Synoptisches Arbeitsbuch zu den Evangelien; Bd. 5)
   Einheitssacht.: Evangelia ⟨dt.⟩
   Ausz.
   ISBN 3-545-23036-8 (Benziger)
   ISBN 3-579-01781-0 (Gütersloher Verlagshaus Mohn)

NE: Pesch, Rudolf [Bearb.]; EST

Gesamtwerk
(4 Bände – Synopse nach Markus, Mattäus, Lukas,
Auswahlkonkordanz – in Schuber):

ISBN 3-545-23027-9 (Benziger)
ISBN 3-579-03998-9 (Gütersloher Verlagshaus)

Band 5:

ISBN 3-545-23036-8 (Benziger)
ISBN 3-579-01781-0 (Gütersloher Verlagshaus)

© 1981 Benziger Verlag Zürich/Einsiedeln/Köln und
Gütersloher Verlagshaus Gerd Mohn, Gütersloh
Alle Rechte, auch die des auszugsweisen Nachdrucks
und der photomechanischen Wiedergabe, vorbehalten
Ausstattung und Typographie: Alfred Janietz, Hamburg
Gesamtherstellung Clausen & Bosse, Leck
Printed in Germany

VORWORT

Das »Synoptische Arbeitsbuch zu den Evangelien« war zunächst als Synopse geplant, welche vorzüglich der Arbeit mit den ersten drei Evangelien dienen sollte. Bei der Erarbeitung der drei bereits vorliegenden Synopsen, denen die Johannes-Parallelen jeweils beigefügt sind, festigte sich die Einsicht, daß das häufiger artikulierte Bedürfnis nach einer eigenen »Synopse nach Johannes«, die dem Faden des Johannes-Evangeliums folgt und die Parallelen aus den drei ersten Evangelien möglichst extensiv dokumentiert, durch eine Ergänzung unseres »Arbeitsbuches« angemessen befriedigt werden könnte.

Nach Abschluß der Korrekturarbeiten am »Arbeitsbuch« wurde deshalb die jetzt vorgelegte Ergänzung, eine »Synopse nach Johannes« mit einer Auswahlkonkordanz zum Johannes-Evangelium, erstellt. Die beim »Arbeitsbuch« befolgten Grundsätze sind auch für diese Ergänzung maßgebend geblieben.

Für die Hilfe bei der Manuskriptherstellung verdient Frau Ute Wagner erneut herzlichen Dank, für die Hilfe bei den Korrekturen danke ich Herrn Kollegen L. Oberlinner und Frau M. Petsche.
Freiburg i. Br., im Januar 1981   *Rudolf Pesch*

EINLEITUNG

I. Johannes und die Synoptiker

Ob und wieweit der Verfasser des Johannesevangeliums eines oder zwei oder alle synoptischen Evangelien gekannt und benutzt hat, ist in der neutestamentlichen Forschung bis heute umstritten und nicht zureichend geklärt. Die Mehrzahl der Forscher hält das Johannesevangelium allerdings für das jüngste unserer vier kanonischen Evangelien. Danach wäre es grundsätzlich möglich, daß der Verfasser des vierten Evangeliums oder auch schon die seiner Evangelienschreibung vorausliegende spezifische Traditionsbildung von einem oder mehreren der synoptischen Evangelien inspiriert, beeinflußt oder abhängig wäre. Jedoch fällt der Nachweis, daß dies tatsächlich der Fall war, nicht leicht, da grundsätzlich ebensogut damit gerechnet werden kann, daß die johanneische Tradition und/oder der Evangelist die den synoptischen Evangelien vorausliegenden Traditionen in irgendeiner Form gekannt hat.

(1)
Was die Beurteilung der Beziehungen des Johannesevangeliums zu den synoptischen Evangelien schwieriger macht als die Beurteilung der Beziehungen der synoptischen Evangelien untereinander ist zunächst schon der erheblich unterschiedliche Befund im Blick auf Übereinstimmungen und Abweichungen im dargebotenen Stoff. Das Johannesevangelium hat mit den synoptischen Evangelien weit weniger Stoff gemeinsam als die synoptischen Evangelien je miteinander; der vierte Evangelist bietet mehr »Sondergut« als mit den Synoptikern übereinstimmenden Stoff.
(a) Blickt man auf den *gemeinsamen Erzählstoff*, so gehören dazu vor allem die meisten *Passions- und Ostermaterialien* ab Joh 18, 1 ff (in der Synopse Nr. 67 ff); Verarbeitung von Stoff aus der Passionsgeschichte ist aber auch zu erkennen bzw. zu vermuten in Joh 2, 18–25 (Nr. 9–10), in Joh 6, 60–71 (Nr. 25), in Joh 11, 47–53 (Nr. 43), in Joh 11, 54–57 (Nr. 44), in Joh 12, 1–8 (Nr. 45), in Joh 12, 23–36 (Nr. 49), in Joh 13, 1–20 (Nr. 51), in Joh 13, 21–30 (Nr. 52), in Joh 13, 36–38 (Nr. 54) und in Joh 14, 31b (Nr. 56). Legt man die gut begründbare Hypothese von einer umfangreicheren vormarkinischen Passionsgeschichte (vgl. *R. Pesch*, Das Evangelium der Urgemeinde, Freiburg i. Br. 1979) einem

Vergleich zugrunde, so läßt sich als Material der Passionsüberlieferung zusätzlich nennen: Joh 2, 13–17 (Nr. 8) und Joh 12, 12–19 (Nr. 47); verarbeiteter Stoff ließe sich mit geringerer oder größerer Wahrscheinlichkeit entdecken in Joh 1, 19–28 (Nr. 2), Joh 2, 18–22 (Nr. 9), Joh 3, 1f (Nr. 11), Joh 6, 60–71 (Nr. 25), Joh 7, 32–52 (Nr. 29), Joh 7, 53–8, 1 (Nr. 30) und Joh 8, 20 (Nr. 31).
Darüber hinaus findet sich nur noch wenig gemeinsamer Erzählstoff: in der *Täuferüberlieferung* Joh 1, 6.15.19–34 (Nr. 1a, 2, 3), in den *Berufungstraditionen* Joh 1, 35–42 (Nr. 4) und *in vieren von den acht johanneischen Wundergeschichten*: Joh 4, 46–53 (Nr. 17, mit Mt/Lk par = Q), Joh 6, 1–15 (Nr. 22, mit Mk/Mt/Lk par), Joh 6, 16–21 (Nr. 23, mit Mk/Mt par) und Joh 21, 1–14 (Nr. 83, mit Lk par). Berührungen in einzelnen Versen der Erzählüberlieferung begegnen darüber hinaus, aber nicht besonders häufig.
(b) Der *gemeinsame Redestoff* besteht nur in verwandten Jesusworten, die meist aber in unterschiedlichen Kontexten begegnen (vgl. etwa Joh 2, 19; 3, 3. 35; 4, 44; 5, 23; 12, 25; 13, 16. 20; 15, 7; 16, 23. 32; 18, 11; 20, 23). Die großen johanneischen Reden Jesu haben keine Parallelen bei den Synoptikern, und die synoptischen Redekompositionen haben keine Parallelen im Johannesevangelium.
(c) Der Vergleich zwischen Johannes und den Synoptikern läßt sich angesichts des umfangreichen johanneischen Sonderguts, das mehr als die Hälfte des vierten Evangeliums ausmacht (vgl. Nr. 1, 5, 6, 10–12, 14, 15, 20, 21, 24–42, 50, 51, 53, 55, 66, 76, 81, 82, 84–86), nur beschränkt durchführen.

(2)
Das Johannesevangelium unterscheidet sich von den synoptischen Evangelien nicht nur im Erzähl- und Redestoff, sondern auch in dessen Verarbeitung und Darbietung sowie im Aufriß der Erzählung der Geschichte Jesu von Nazaret.
(a) Der mit den Synoptikern gemeinsame und der Johannes eigene Erzählstoff ist durchweg eigen, johanneisch geprägt, und die großen Redekompositionen des vierten Evangeliums sind nicht aus Einzelworten oder einzelnen Redestücken oder -abschnitten zusammengefügt, sondern durchkomponierte Reden, die ein oder mehrere Themen umkreisen und zum Teil in dialogischer Form abhandeln. Der überlieferte Stoff

ist im Johannesevangelium viel stärker als in den synoptischen Evangelien in die Denkweise und die besondere Sprache des Evangelisten umgeschmolzen. Der johanneische Jesus redet wie der Verfasser des Evangeliums selbst und wie der Autor des ersten Johannesbriefs.

(b) Während die synoptischen Evangelien den von Markus konstruierten Aufriß der Geschichte Jesu haben, wo nach der Wirksamkeit Jesu in Galiläa und den umliegenden Gebieten der einmalige Zug nach Jerusalem, der Jerusalemer Aufenthalt und die Passionsgeschichte folgen, stellt Johannes das Wirken Jesu in einem mehrfachen Schauplatzwechsel zwischen Galiläa und Jerusalem dar; Jesus zieht dreimal von Galiläa nach Jerusalem (2, 13; 5, 1; 7, 10). Jesu Wirksamkeit in Jerusalem dauert nach der Darstellung der Synoptiker knapp eine Woche, nach Joh 7, 10ff hält sich Jesus vom Laubhüttenfest (7, 2) über ein Tempelweihfest im Winter (10, 22) bis zum Todespascha (11, 55; 12, 1; 18, 28) etwa ein halbes Jahr in Jerusalem und Judäa auf. Läßt sich die Gesamtdauer der Wirksamkeit Jesu nach den synoptischen Darstellungen innerhalb eines Jahres unterbringen, so beträgt sie nach Johannes, der außer dem Todespascha in 2, 13 und 6, 14 zwei weitere Paschafeste erwähnt, mehr als zwei Jahre.

(c) Der vierte Evangelist, der die Reinigung des Tempelvorhofs (Joh 2, 13–17) und die Zeichenforderung der Juden (Joh 2, 18–22) nach dem Kanawunder (2, 1–12) an den Beginn der öffentlichen Wirksamkeit Jesu stellt, macht dessen ganzes öffentliches Wirken (Kap. 2–12) zu einer großen Auseinandersetzung mit »den Juden«, zum öffentlichen Prozeß zwischen Jesus, dem Gesandten Gottes, und der Welt. Viel stärker als die übrigen Evangelisten denkt und formuliert er aus der Erfahrung seiner Gemeinde heraus und für seine Gemeinde.

(3)
Die Frage, ob zwischen dem Johannesevangelium und den synoptischen Evangelien eine über den Evangelisten selbst oder schon über dessen Tradition vermittelte *literarische Beziehung* besteht, kann nur mit angemessener Sicherheit entschieden werden, wenn besonders auffällige Übereinstimmungen zwischen Johannes und Markus, Mattäus oder Lukas als Übereinstimmungen zwischen dem Johannestext und *redaktionell hergestellten* Textfassungen der Synoptiker erwiesen werden können.

(a) Die größte Unsicherheit bleibt beim Versuch der Beantwortung der Frage, ob Johannes *das Markusevangelium* gekannt und benutzt hat bzw. ob die johanneische Tradition durch das Markusevangelium beeinflußt war. Die besonders auffälligen Übereinstimmungen zwischen Johannes- und Markustext (vgl. etwa Joh 6, 7 mit Mk 6, 37 oder Joh 5, 8 mit Mk 2, 11 oder Joh 12, 3 mit Mk 14, 3), die in der Forschung für eine literarische Beziehung zwischen Johannes und Markus angeführt werden, haben deshalb keine durchschlagende Beweiskraft, weil Markus an den betreffenden Stellen höchstwahrscheinlich nur seine Tradition re-

produziert hat, so daß sich die Übereinstimmungen aus übereinstimmenden Traditionen erklären ließen. Da die Analyse des Markusevangeliums, die Scheidung zwischen Tradition und Redaktion im Markustext, bislang noch zu keinen allgemein akzeptierten Ergebnissen geführt hat, ist auch die Frage nach der literarischen Beziehung zwischen Johannes- und Markusevangelium noch offen. Rechnet man damit, daß Markus eine umfangreiche Passionsgeschichte (vgl. oben) wenig bearbeitet in sein Evangelium integriert hat und daß auch Johannes bzw. dessen Tradition von einer vormarkinischen Passionsgeschichte abhängig sein könnte, so verbleibt nur noch wenig Stoff, an dem die Frage sich weiter klären lassen könnte. Die Stoffabfolge bietet angesichts der Übereinstimmungen der Synoptiker kaum eine Handhabe, eine literarische Beziehung des Johannesevangeliums zum Markusevangelium anzunehmen. Überdies ist auch bei parallelen Abfolgen (z. B. Joh 6, 1ff par Mk 6, 32ff) zu fragen, ob die Abfolge erst von Markus hergestellt ist oder schon in seiner Tradition vorgegeben war (z. B. in einem vormarkinischen Wunderzyklus). Die Analyse des Markusevangeliums selbst ist also eine wesentliche Voraussetzung zur Beantwortung der Frage, ob Johannes dieses älteste Evangelium gekannt hat.

(b) Ob Johannes *das Mattäusevangelium* gekannt und benutzt hat, läßt sich aufgrund der Feststellung, ob und wo der Mattäustext in redaktioneller Abweichung vom Markustext mit dem Johannestext übereinstimmt, grundsätzlich leichter entscheiden. Wo Mattäus mit Markus und Johannes übereinstimmt, bleibt die Abhängigkeit des Johannes bzw. seiner Tradition von vormarkinischer Tradition möglich. Wo Mattäus von Markus abweicht, muß allerdings auch die Frage bedacht werden, ob er einer Doppelüberlieferung (aus Q) gefolgt ist (vgl. z. B. Joh 1, 15.22 = Mt 3, 11 diff Mk 1, 7).

Eine Reihe von Beobachtungen spricht dafür, daß zwischen dem Johannes- und dem Mattäusevangelium literarische Beziehungen bestehen (vgl. Joh 6, 1–15 mit Mt 14, 13–21 diff Mk 6, 32–44 und insbesondere die ganze Passionsgeschichte ab Joh 18, 1ff); doch bietet sich zur Erklärung der Übereinstimmungen (diff Mk) *und* Unterschiede zwischen Johannes- und Mattäustext kaum die Vorstellung an, der Evangelist habe bei Abfassung des vierten Evangeliums das Mattäus-Evangelium als literarische Vorlage benutzt (wie Mattäus und Lukas das Markusevangelium benutzten und bearbeiteten), sondern eher die Vorstellung, die johanneische Tradition sei vom Mattäusevangelium beeinflußt worden in einem Ineinanderfließen von mündlicher und schriftlicher (also durch Vorlesen und Hören vermittelter) Überlieferung, zumal die Gesamtstruktur des Mattäusevangeliums auf den Aufbau des Johannesevangeliums nirgendwo erkennbar eingewirkt hat.

Bei der Beantwortung der Frage der Beziehungen zwischen Johannes- und Mattäusevangelium dürfen auch die sich teilweise damit überschneidenden Beziehungen zwischen Johannes- und Lukasevangelium nicht außer acht gelassen werden.

(c) Daß das Johannesevangelium *das Lukasevangelium* voraussetzt, läßt sich mit angemessener Sicherheit beweisen. Freilich kann dieser Beweis kaum aufgrund des lukanischen Sonderguts (vgl. z. B. Lk 5, 1–11 und Joh 21, 1–14) geführt werden, da für die Übereinstimmungen dieser Stoffe die Benutzung und unabhängige Verarbeitung gemeinsamer, der Evangelienredaktion vorausliegender Tradition als Erklärung genügt; dies gilt auch für das Vorkommen gleicher Namen (Maria und Marta, Lazarus, Hannas). Der Beweis muß auch hier auf die mit dem Johannestext übereinstimmenden Abweichungen vom Markustext, die Lukas redaktionell hergestellt hat, gestützt werden; zwischen Johannes und Lukas gibt es mehr solcher signifikanter Übereinstimmungen als zwischen Johannes und den anderen Evangelien (vgl. z. B. Joh 1, 19f mit Lk 3, 15f; Joh 12, 3ff mit Lk 7, 36ff; Joh 13, 2.27 mit Lk 22, 3; ferner auch hier insbesondere die ganze Passionsgeschichte). Besonders bemerkenswert sind die kompositionellen Übereinstimmungen (z. B. Joh 6, 1–71 und Lk 9, 10–20; Joh 18, 3ff und Lk 22, 54ff), welche die Frage aufwerfen lassen, ob das Lukasevangelium nicht nur auf die johanneische Tradition, sondern auch auf die Redaktion des Evangelisten eingewirkt hat – freilich auch höchstens im Sinn einer Inspiration des Evangelisten durch die Erinnerung an die Darstellung des Lukas, nicht im Sinn einer direkten literarischen Benutzung seines Evangeliums.

Insgesamt ergibt sich also ein Gefälle abnehmender Sicherheit für die Annahmen, daß literarische Beziehungen zwischen dem Johannesevanstanden haben. Und eine zureichende Klärung des alten Problems »Johannes und die Synoptiker« steht als eine alte und neue Aufgabe noch an.

(4)

Die Frage nach den Beziehungen des Johannesevangeliums zu den synoptischen Evangelien kann nicht zureichend geklärt werden ohne eine entsprechende Klärung der umfassenderen Frage nach den »Quellen« der johanneischen Darstellung der Geschichte Jesu bzw. der Frage nach dem Verhältnis von vorjohanneischen Traditionen und johanneischer Redaktion bzw. Redaktionen.

(a) Aufgrund der Zählung der »Zeichen« (Joh 2, 11; 4, 54) und der Angaben über eine größere Zahl von »Zeichen« (2, 23; 4, 45; 20, 30) sowie angesichts der besonderen Prägung der johanneischen Wundergeschichten rechnen manche Forscher mit einer »Zeichenquelle«, in der – nach manchen Ausgestaltungen der Hypothese – nicht nur die Wundergeschichten, sondern auch weiteres Material des Evangeliums (z. B. die Berufungsgeschichten) überliefert worden wären. Weniger Verbreitung und Anerkennung hat die Annahme einer besonderen Quelle von »Offenbarungsreden«, die der Evangelist seinen Jesusreden zugrunde gelegt habe, gefunden. Die Diskussion über eine vorjohanneische Passionsgeschichte führt bereits unmittelbar in die Erörterung des Verhältnisses des vierten Evangelisten zu den Synoptikern hinein.

(b) Daß am Johannesevangelium mehrere Redaktionen ablesbar sind,

gilt als allgemein anerkannt zumindest im Blick auf Kap. 21 als ein »Nachtragskapitel«. Ob auch andere Kapitel (z. B. Teile der »Abschiedsreden« in Joh 13–17) »Nachträge« einer zweiten Redaktion sind und ob Redaktoren für Zusätze im Evangelium oder für Umstellungen des Stoffes – dessen Anordnung mitunter sprunghaft erscheint – verantwortlich gemacht werden dürfen, wird weiter diskutiert; eine Klärung hängt mit der Klärung der Quellenfrage und der Beurteilung der Intentionen der Redaktion(en) zusammen. Eine neue synoptische Lektüre des Johannesevangeliums dürfte nicht nur Verständnis für die verhandelten Fragen, sondern vielleicht auch deren Aufklärung – negativ: durch Abweisung weniger stichhaltiger Hypothesen; positiv: durch Stützung von Erklärungen, Aufweis neuer Erklärungsmöglichkeiten – fördern.

(5)

Die besondere Eigenart des Johannesevangelium in seiner von den synoptischen Evangelien unterschiedenen literarischen und theologischen Gestalt ist seit jeher gewußt und auch gewürdigt worden. Geschichtliche Kontur und theologisches Profil des vierten Evangeliums werden freilich in dem Maße erfaßt, in dem die Besonderheiten der johanneischen Tradition sowie die Bedingungen und Intentionen johanneischer Redaktion(en) auch im synoptischen Vergleich erarbeitet werden.

Die vorliegende Ergänzung zum »Synoptischen Arbeitsbuch zu den Evangelien« mit der »Synopse nach Johannes« und der zugehörigen Auswahlkonkordanz möchte wie die ersten vier Bände des Arbeitsbuches auch die Leser, die kein Griechisch können, nach Möglichkeit vollständig in die Lage bringen, sich selbständig bzw. im Nachvollzug dieser spannenden und fruchtbaren Arbeit zu beteiligen.

II. Zu Anlage und Gebrauch der »Synopse nach Johannes«

Die vorliegende »Synopse nach Johannes« ist eine Ergänzung zum »Synoptischen Arbeitsbuch zu den Evangelien«, in dessen erstem Band »1/Markus« die Anlage der Gesamt-Synopse ausführlich charakterisiert und eine einläßliche Einführung in ihren Gebrauch gegeben ist (S. 11–12); das dort Ausgeführte darf hier vorausgesetzt werden. Zu bemerken ist darüber hinaus nur: Die »Synopse nach Johannes« ist auch insofern »Ergänzung«, als die Vergleichstexte aus den nichtkanonischen Evangelien, die in den ersten drei Bänden geboten wurden, im vorliegenden Band nicht nochmals abgedruckt worden sind. In den Fußnoten wird vor allem auf Parallelen im Johannesevangelium selbst aufmerksam gemacht; mitunter werden solche Parallelen auch im Text selbst zu synoptischer

Lektüre angeboten. Wie bei der Arbeit mit den ersten drei Synopsen empfiehlt es sich auch beim Gebrauch der »Synopse nach Johannes«, die Synoptiker-Synopsen zum Vergleich des jeweiligen Textzusammenhangs der synoptischen Evangelien aufzuschlagen.

Die »Synopse nach Johannes«, in welcher der Johannes-Text als Leittext durch einen Raster-Hintergrund optisch hervorgehoben ist, hält folgende, nach der Wahrscheinlichkeit der literarischen Beziehungen (s. o.) gestaltete Anordnung ein: Der Johannes-Text als der Leittext steht in der linken Spalte, dann folgen von links nach rechts der Markus-, der Mattäus- und der Lukastext. In wenigen wichtigen Fällen sind in die Synoptikerkolumnen auch Texte aus dem Johannesevangelium selbst zum Vergleich aufgenommen worden; diese Johannestexte sind durch Kursivdruck besonders kenntlich gemacht. Auch in der »Synopse nach Johannes« sind fast alle Textabschnitte auf je einer Seite untergebracht, damit der Leser nicht hin- und herblättern muß. Der Sprachgebrauch des vierten Evangelisten kann anhand der beigefügten ausführlichen Auswahlkonkordanz kontrolliert werden. Die Auswahlkonkordanz zu den synoptischen Evangelien kann dabei ergänzend herangezogen werden.

In den von R. Pesch und R. Kratz publizierten Anleitungen und Kommentaren »So liest man synoptisch« I–VII (Frankfurt am Main 1975 ff), die schon in der »Einleitung« des ersten Bandes »1/Markus« als korrespondierende Arbeitsbücher empfohlen wurden, sind auch die meisten Johannestexte, die synoptische Parallelen haben, behandelt.

Freiburg i. Br., im Januar 1981   *Rudolf Pesch*

INHALT

1. Der Prolog

Joh 1, 1–18

(Hymnus V 1. 3. 5. 9. 10. 11. 12. 14. 16. 17. 18)[1]

1 Im Anfang war der Logos, und der Logos war bei dem Gott.
Und Gott war der Logos, 2 dieser war im Anfang bei dem Gott.
3 Alles ward durch ihn, und ohne ihn ward auch nicht eines.

Was geworden ist, 4 in ihm war* er Leben, und das Leben war das Licht der Menschen.
5 Und das Licht scheint in der Finsternis, und die Finsternis überwältigte es nicht.
9 Er war das wahre Licht, das erleuchtet jeden Menschen, gekommen in die Welt.

10 In der Welt war er, und die Welt ward durch ihn, und die Welt erkannte ihn nicht.
11 In das Eigene kam er, und die Eigenen nahmen ihn nicht an.

12 Soviele aber ihn (an)nahmen, er gab ihnen Vollmacht, Kinder Gottes zu werden:
Den Glaubenden an seinen Namen, 13 die nicht aus Blut noch aus Fleisches Willen
noch aus Mannes Willen, vielmehr aus Gott gezeugt wurden.**

14 Und der Logos ward Fleisch und zeltete unter uns, und wir schauten seine Herrlichkeit,
Herrlichkeit wie (des) Eingeborenen vom Vater, voll Gnade und Wahrheit.
16 Denn aus seiner Fülle haben wir alle empfangen, Gnade um Gnade.

17 Denn das Gesetz wurde durch Mose gegeben, die Gnade und Wahrheit ward durch Jesus Christus.
18 Gott hat niemand jemals gesehen. (Der) eingeborene Gott, der an der Brust des Vaters ist,
jener erzählte.

(Prosaeinschübe V 6. 7. 8. 15)[1]

6 Es ward ein Mensch, gesandt von Gott, (als) Name ihm: Johannes. 7 Dieser kam zum Zeugnis, damit er zeuge über das Licht, damit alle glaubten durch ihn. 8 Nicht war jener das Licht, vielmehr, damit er zeuge über das Licht.

15 Johannes zeugt über ihn und hat geschrien, gesagt: »Dieser war, von dem ich sprach: ›Der nach mir Kommende ist vor mir geworden, weil er eher war als ich‹.«

---

* Einige Zeugen lesen »ist«.
** Einige Zeugen und manche Kirchenväter lesen: »der nicht ... gezeugt wurde«, interpretieren also christologisch.

[1] Der im Prolog benutzte Hymnus umfaßte sechs Strophen; in den beiden Hälften folgen auf zwei Strophen mit drei Zeilen eine Strophe mit zwei Zeilen. Die Prosaeinschübe sind jeweils vor der letzten Zeile der zweiten Strophe eingefügt worden.

1 a. Die Prosaeinschübe im Prolog

Joh 1, 6. 7. 8. 15	*Mk 1, 4 a. 2. 7 ab*	*Mt 3, 1; 21, 32 a; 3, 11 b*	*Lk 3, 2 b; 3, 16 c*
6 Es ward ein Mensch, gesandt von Gott, (als) Name ihm: Johannes.	1, 4 a So geschah (es): 1, 2 »SIEHE ICH SENDE MEINEN BOTEN« 1, 4 Johannes, der Täufer, in der Wüste verkündigend …	3, 1 In jenen Tagen aber tritt auf [Vgl 11, 10 b] Johannes, der Täufer, verkündigend in der Wüste.	3, 2 b Da erging ein Gottespruch [Vgl 7, 27] an Johannes, den Sohn (des) Zacharias, in der Wüste.
7 Dieser kam zum Zeugnis, damit er zeuge über das Licht, damit alle glaubten durch ihn.[2]		21, 32 a »Denn Johannes kam zu euch auf (dem) Weg (der) Gerechtigkeit, und ihr habt ihm nicht geglaubt.«	
8 Nicht war jener das Licht,[3] vielmehr, damit er zeuge über das Licht.			
15 Johannes zeugt über ihn und hat geschrien, gesagt: »Dieser war, von dem ich sprach: ›Der nach mir Kommende ist vor mir geworden, weil er eher war als ich‹.«[4]	7 ab Und er verkündigte, sagte: »Es kommt, der stärker (ist) als ich, mir nach.«	3, 11 b »Der aber nach mir Kommende ist stärker als ich.«	3, 16 c »Es kommt aber, der stärker (ist) als ich.«

---

[2] *Vgl 1, 19:* »Und dies ist das Zeugnis des Johannes …«; *1, 32:* »Und Johannes bezeugte, sagte …«; *4, 26:* »Und sie kamen zu Johannes und sprachen zu ihm: ›Rabbi, der mit dir jenseits des Jordan war, für den *du* gezeugt hast, sieh, dieser tauft, und alle kommen zu ihm.«

[3] *Vgl 8, 12:* »Wiederum nun redete Jesus zu ihnen, sagte: ›Ich bin das Licht der Welt. Wer mir nachfolgt, wird nicht umhergehen in der Finsternis, vielmehr wird er haben das Licht des Lebens‹.«

[4] *Vgl 1, 30:* »Dieser ist (es), über den ich sprach: ›Nach mir kommt ein Mann, der vor mir geworden ist‹.«

2. Das Zeugnis des Johannes

Joh 1, 19–28	Mk 8, 29. 28; 1, 3 ab. 2 a. 7 a. 8 a. 7 b	Mt 16, 15. 16. 14; 11, 10 b; 3, 3 b. a. 11	Lk 3, 15. 16 a; 9, 20. 19; 7, 27 a; 3, 4 b. a. 16
19 Und dies ist das Zeugnis des Johannes,⁵			
als sandten zu ihm die Juden aus Jerusalem Priester und Leviten, damit sie ihn fragten: »Du, wer bist du?«	[Vgl Mk 3, 22; 7, 1] 29 Und er, er fragte sie: »Ihr aber, wer, sagt ihr, daß ich sei?«	15 Er sagt ihnen: »Ihr aber, wer, sagt ihr, daß ich sei?«	15 Als aber das Volk voller Erwartung war, und alle in ihren Herzen überlegten, über Johannes, ob er nicht etwa der Christus sei, 16 a antwortete Johannes allen.
20 Und er bekannte und leugnete nicht; und er bekannte: »Ich, ich bin nicht der Christus!«	Petrus antwortete, sagt ihm: »Du bist der Christus!«	16 Simon Petrus aber antwortete, sprach: »Du bist der Christus, der Sohn des lebendigen Gottes!«	[Vgl Lk 9, 20 a.b] 9, 20 Petrus aber antwortete, sprach: »Der Christus Gottes!«
21 Und sie fragten ihn: »Was nun? Du, bist du Elija?« Und er sagt: »Ich bin's nicht!« »Der Prophet bist du?« Und er antwortete: »Nein!«	28 Sie aber sprachen zu ihm, sagten: »Johannes der Täufer, und andere: Elija, andere aber: ›Einer der Propheten‹!« [Vgl auch Mk 6, 14–16]	14 Sie aber sprachen: »Die einen: Johannes der Täufer, andere aber: Elija, andere aber: Jeremia oder einer der Propheten.« [Vgl auch Mt 14, 1–2]	19 Sie aber antworteten, sprachen: »Johannes der Täufer, andere aber: Elija, andere aber: ›Irgendein Prophet von den alten ist auferstanden‹!« [Vgl auch Lk 9, 7–9]
22 Sie sprachen nun zu ihm: »Wer bist du? Damit wir Antwort geben (können) denen, die uns geschickt haben: Was sagst du über dich selbst?«			
23 Er sagte: »Ich (bin): STIMME EINES RUFENDEN IN DER WÜSTE: BEGRADIGT DEN WEG DES HERRN!«,⁵ᵃ wie gesprochen hat Jesaja, der Prophet.	3 STIMME EINES RUFENDEN IN DER WÜSTE: BEREITET DEN WEG DES HERRN! 2 a Wie geschrieben steht bei Jesaja, dem Propheten.	11, 10 b Dieser ist, über den geschrieben steht: 3, 3 b STIMME EINES RUFENDEN IN DER WÜSTE: BEREITET DEN WEG DES HERRN! 3 a Denn dieser ist es, von dem gesprochen ist durch Jesaja, den Propheten, der sagt.	7, 27 a Dieser ist, über den geschrieben steht: 3, 4 b STIMME EINES RUFENDEN IN DER WÜSTE: BEREITET DEN WEG DES HERRN! 4 a Wie geschrieben steht im Buch (der) Worte Jesajas, des Propheten.
24 Und (die) Gesandten waren aus den Pharisäern. 25 Und sie fragten ihn und sprachen zu ihm: »Was nun taufst du, wenn du nicht bist der Christus noch Elija noch der Prophet?«			
26 Es antwortete ihnen Johannes, sagte: »Ich taufe in Wasser. Mitten unter euch steht, den ihr nicht kennt,	7 a Und er verkündigte sagte: 8 a »Ich taufte euch mit Wasser …	11 »Ich zwar taufe euch in Wasser zur Umkehr,	3, 16 … antwortete Johannes allen: »Ich zwar taufe euch mit Wasser.
27 der nach mir Kommende. Ich bin nicht würdig, daß ich den Riemen seiner Sandale löse.«⁶	7 b Es kommt, der stärker (ist) als ich, mir nach. Ich bin nicht wert, gebückt ihm den Riemen seiner Sandalen zu lösen.«	der aber nach mir Kommende ist stärker als ich. Ich bin nicht wert, ihm die Sandalen zu tragen.«	Es kommt aber, der stärker (ist) als ich. Ich bin nicht wert, ihm den Riemen seiner Sandalen zu lösen.»
28 Dies geschah in Betanien,* jenseits des Jordan, wo Johannes am Taufen war.			

---

* Andere Handschriften lesen »Betaraba«.
⁵ Vgl 1, 7: »Dieser kam zum Zeugnis, damit er zeuge über das Licht, damit alle glaubten durch ihn.«
⁵ᵃ Jes 40, 3.

⁶ Vgl Apg 13, 24–25: »24 Johannes verkündigte vorher vorm Angesicht seines Eingangs her eine Taufe (der) Umkehr allem dem Volk Israel. 25 Wie aber Johannes den Lauf erfüllte, sagte er: ›Was ihr meint, daß ich sei, bin ich nicht. Vielmehr siehe, es kommt nach mir, dessen ich nicht würdig bin, die Sandale der Füße zu lösen‹.«

3. Erneutes Zeugnis des Johannes

Joh 1, 29–34	Mk 1, 7b. 8a. 10b. 11. 8b	Mt 3, 11b. a. 16c. 17. 11d	Lk 3, 16c. b. 21b. 22. 16e.
29 Am folgenden Tag sieht er Jesus, kommend zu ihm, und sagt: »Sieh, das Lamm Gottes, das trägt die Sünde der Welt. 30 Dieser ist (es), über den ich sprach: ›Nach mir kommt ein Mann, der vor mir geworden ist, weil er eher als ich war.‹⁷			
	7b »Es kommt, der stärker (ist) als ich, mir nach.«	11b »Der aber nach mir Kommende ist stärker als ich.«	16c »Es kommt aber, der stärker (ist) als ich.«
31 Auch *ich* kannte ihn nicht, vielmehr: damit er offenbart würde (für) Israel, deshalb kam ich, taufend in Wasser.«			
32 Und Johannes bezeugte, sagte: »Ich habe geschaut den Geist herabsteigen wie eine Taube aus (dem) Himmel, und er blieb auf ihm.	8a *Ich* taufte euch mit Wasser.«	11a *Ich* zwar taufe euch in Wasser zur Umkehr.«	16b *Ich* zwar taufe euch mit Wasser.«
33 Auch *ich* kannte ihn nicht,⁸ aber der mich geschickt hat, zu taufen in Wasser, jener sprach zu mir: ›Auf wen du den Geist herabsteigen und auf ihm bleiben siehst, dieser ist's, der tauft in heiligem Geist.‹	10b ... sah er sich spalten die Himmel und den Geist wie eine Taube herabsteigen zu ihm.	16c Und siehe, es öffneten sich ihm die Himmel und er sah den Geist Gottes herabsteigen gleich wie eine Taube und kommen auf ihn.	21b ... öffnete sich der Himmel 22 und herabstieg der heilige Geist in leiblicher Gestalt wie eine Taube auf ihn,
34 Und ich, ich habe gesehen und bezeugt, daß dieser ist der Sohn* Gottes.«	*[Vgl V 8a]* 11 Und eine Stimme erging aus den Himmeln: »*Du* bist mein Sohn, der geliebte ...« 8b »Er aber wird euch taufen in heiligem Geist.« *[Vgl V 11]*	*[Vgl V 11a]* 17 Und siehe, eine Stimme aus den Himmeln, die sagte: »Dieser ist mein Sohn, der geliebte ...« 11d »Er wird euch taufen in heiligem Geist und Feuer.« *[Vgl V 17]* *[Vgl Mt 16, 16]*	*[Vgl V 16a]* und eine Stimme aus dem Himmel erging: »MEIN SOHN BIST DU ...«⁹ 16e »Er wird euch taufen in heiligem Geist und Feuer.« *[Vgl V 22]*

---

* Andere Handschriften lesen: »der Erwählte«.

⁷ Vgl 1, 15: »Johannes zeugt über ihn und hat geschrien, gesagt: ›Dieser war, von dem ich sprach: Der nach mir Kommende ist vor mir geworden, weil er eher war als ich‹.«

⁸ Vgl V 31a.

⁹ Ps 2, 7.

4. Die ersten Jünger Jesu

Joh 1, 35–42	*Mk 1, 16. (17). 18; 3, 16*	*Mt 4, 18. (19). 20; 16, 17. 18*	*Lk 5, 1b. 2. (10b). 11; 6, 14*
35 Am folgenden Tag [10] wiederum stand Johannes (da) und aus seinen Jüngern zwei.			
36 Und er blickte Jesus, der umherging, an, sagt: »Sieh, das Lamm Gottes!« [11]	16 Und entlanggehend am Meer von Galiläa, sah er	18 Umhergehend aber am Meer von Galiläa, sah er	1b Und er, er stand am See Gennesaret 2 und sah
37 Und die zwei Jünger hörten ihn reden und folgten Jesus.		zwei Brüder,	zwei Boote am See stehen.
38 Jesus aber wandte sich um und schaute sie folgen, sagt ihnen: »Was sucht ihr?« [12] Sie aber sprachen zu ihm: »Rabbi«, das heißt übersetzt: Lehrer, »wo bleibst du?«			
39 Er sagt ihnen: »Kommt und seht!« Sie kamen nun und sahen, wo er bleibt, und bei ihm blieben sie jenen Tag. Es war um die zehnte Stunde.	(17 Und Jesus sprach zu ihnen: »Auf, mir nach! Und ich werde machen, daß ihr Menschenfischer werdet.«)	(19 Und er sagt ihnen: »Auf, mir nach! Und ich werde euch zu Menschenfischern machen.«)	(10b Und Jesus sprach zu Simon: »Fürchte dich nicht! Von jetzt an wirst du Menschen fangen«)
40 Andreas, der Bruder Simon Petri, war einer aus den zweien, die (es) von Johannes gehört hatten und ihm gefolgt waren.	Simon und Andreas, den Bruder Simons, (ein Netz) auswerfend im Meer … 18 Und gleich ließen sie die Netze, folgten ihm.	Simon, den (so) genannten Petrus, und Andreas, dessen Bruder, werfend ein Rundnetz ins Meer … 20 Sie aber ließen sogleich die Netze, folgten ihm.	Die Fischer aber waren aus ihnen ausgestiegen und wuschen die Netze. 11 Und sie führten die Boote herab auf das Land, ließen alles zurück, folgten ihm.
41 Dieser findet als ersten den eigenen Bruder Simon und sagt ihm: »Wir haben den Messias gefunden«, das heißt übersetzt: Christus!	*[Vgl V 16]* *[Vgl Mk 8, 29]*	*[Vgl V 18]* *[Vgl Mt 16, 16]*	*[Vgl Lk 9, 20]*
42 Er führte ihn zu Jesus. Jesus blickte ihn an, sprach: »Du, du bist Simon, der Sohn Johannes'. Du, du wirst gerufen werden Kefas,« das wird übersetzt: Petrus! [13]	3,16 Und er schuf die Zwölf; und er legte bei einen Namen dem Simon: Petrus.	16,17 Jesus aber antwortete, sprach zu ihm: »Selig bist du, Simon Barjona … 18 Und *ich* aber sage dir: Du, du bist Petrus …«	6, 14 Simon, den er auch nannte Petrus.

---

[10] Vgl 1, 29.

[11] Vgl 1, 29. [12] Vgl 18, 4. 7.

[13] Vgl Gen 17, 45 b (LXX): »Und nicht mehr wirst du gerufen werden auf deinen Namen Abram, vielmehr wird sein dein Name Abraham, denn zum Vater vieler

Völker habe ich dich gesetzt.« Vgl *Jubiläenbuch 15, 7; Pseudo-Philo, Biblische Altertümer 8, 3.*
Gen 35, 10 (LXX): »Dein Name (ist) Jakob. Nicht mehr wird er gerufen werden Jakob, vielmehr Israel wird sein dein Name.« Vgl *Jubiläenbuch 32, 17.*

Zu Sarai/Sara vgl Gen 17, 15 f; *Jubiläenbuch 15, 15; Pseudo-Philo, Biblische Altertümer 8, 3.*
Zu Aseneth/Zufluchtsstadt vgl *Josef und Aseneth 15, 7.* Zu Jobab/Job vgl Jjob 42 (LXX); *Testament des Jjob 1, 1; 2, 1 f.*

5. Weitere Jünger

Joh 1, 43–51	Mk 1, 14; 2, 14b; 6, 3a;	Mt 4, 12; 9, 9b; 13, 55a;	Lk 4, 14; 5, 27b; 4, 22b
43 Am folgenden Tag[14] wollte er hinausgehen nach Galiläa. Und er findet Philippus. Und es sagt ihm Jesus: »Folge mir!« 44 Philippus aber war von Betsaida, aus der Stadt Andreas' und Petri. 45 Philippus findet den Natanael und sagt ihm: »Von dem geschrieben hat Mose im Gesetz und die Propheten, (den) haben wir gefunden: Jesus, Sohn des Josef, den von Nazaret!« 46 Und es sprach zu ihm Natanael: »Aus Nazaret – kann (da) etwas Gutes sein?«[15] Es sagt ihm Philippus: »Komm und sieh!«[16] 47 Jesus sah den Natanael, (wie) er zu ihm kommt, und sagt über ihn: »Sieh, wahrhaftig, ein Israelit, in dem keine Heimtücke ist!« 48 Es sagt Natanael ihm: »Woher erkennst du mich?« Jesus antwortete und sprach zu ihm: »Bevor Philippus dich rief, sah ich dich, (wie) du unter dem Feigenbaum warst.« 49 Es antwortete ihm Natanael: »Rabbi, du, du bist der Sohn Gottes, du, du bist König von Israel!« 50 Jesus antwortete und sprach zu ihm: »Weil ich zu dir sprach, daß ich dich unter dem Feigenbaum sah, glaubst du? Größeres als dies wirst du sehen!« 51 Und er sagt ihm: »Amen, amen, ich sage euch: Ihr werdet sehen DEN HIMMEL geöffnet UND DIE ENGEL GOTTES HINAUFSTEIGEN UND HERABSTEIGEN[17] auf den Menschensohn.«	1, 14 Nachdem aber Johannes ausgeliefert wurde, kam Jesus nach Galiläa … *[Vgl Mk 3, 18]* 2, 14b Und er sagt ihm: »Folge mir!« 6, 3a »Ist dieser nicht der Zimmermann, der Sohn der Maria?« *[Vgl Mk 15, 39]* *[Vgl Mk 15, 32]*	4, 12 Da er aber hörte, daß Johannes ausgeliefert wurde, zog er sich zurück nach Galiläa. *[Vgl Mt 10, 3]* 9, 9b Und er sagt ihm: »Folge mir!« 13, 55a »Ist dieser nicht der Sohn des Zimmermanns? Heißt seine Mutter nicht Maria?« *[Vgl Mt 14, 33; 16, 16; 27, 54]* *[Vgl Mt 27, 42]*	4, 14 Und Jesus kehrte in der Kraft des Geistes nach Galiläa zurück. *[Vgl Lk 6, 14]* 5, 27b Und er sprach zu ihm: »Folge mir!« 4, 22b »Ist dieser nicht ein Sohn Josefs?«

[14] *Vgl 1, 29. 35.*   [15] *Vgl 7, 41.*   [16] *Vgl 1, 39.*   [17] *Gen 28, 12.*

6. Die Hochzeit in Kana

Joh 2, 1–11

1 Und am dritten Tag fand eine Hochzeit statt in Kana in Galiläa. Und die Mutter Jesu war dort. 2 Gerufen war aber auch Jesus und seine Jünger zu der Hochzeit. 3 Und da Wein mangelte, sagt die Mutter Jesu zu ihm: »Wein haben sie nicht!« 4 Und es sagt ihr Jesus: »Was (ist zwischen) mir und dir, Frau? Noch ist nicht gekommen meine Stunde!« 5 Seine Mutter sagt den Dienern: »Was etwa (immer) er euch sagt, tut!« 6 Es waren aber dort sechs steinerne Wasserkrüge gemäß der Reinigung(spflicht) der Juden vorhanden; sie faßten je zwei oder drei Metreten. 7 Es sagt ihnen Jesus: »Füllt die Krüge mit Wasser!« Und sie füllten sie bis oben (hin).

8 Und er sagt ihnen: »Schöpft jetzt und bringt dem Tafelmeister!« Die aber brachten (es). 9 Wie aber der Tafelmeister das Wasser gekostet hatte, das Wein geworden war, und nicht wußte, woher (es) ist, – die Diener aber wußten es, die das Wasser geschöpft hatten, – ruft der Tafelmeister den Bräutigam 10 und sagt ihm: »Jeder Mensch setzt zuerst den edlen Wein (vor), und wenn sie trunken sind, den geringeren! Du, du hast den edlen Wein bis nun bewahrt!«
11 Diesen Anfang der Zeichen[18] machte Jesus in Kana in Galiläa, und er offenbarte seine Herrlichkeit, und es glaubten an ihn seine Jünger.

7. Aufenthalt in Kafarnaum

Joh 2, 12

12 Danach stieg er hinab nach Kafarnaum, er selbst und seine Mutter und seine Brüder und seine Jünger; und dort blieben sie nicht viele Tage.

Mk 1, 21

21 Und sie ziehen nach Kafarnaum hinein.

Und gleich am Sabbat ging er in die Synagoge hinein, lehrte. *[Vgl 1, 35]*

Mt 4, 13

13 Und er verließ Nazaret, kam, nahm Wohnung in Kafarnaum, dem am Meer, in den Gebieten von Sebulon und Naftali.
 [Vgl 4, 23]

Lk 4, 31

31 Und er kam hinab nach Kafarnaum, eine Stadt Galiläas.

Und er lehrte sie am Sabbat.
 [Vgl 4, 42]

---

[18] *Vgl 4, 54; 20, 30.*

8. Reinigung des Tempelvorhofs

Joh 2, 13–17	*Mk 11, 15–18*	*Mt 21, 12–15*	*Lk 19, 45–48*
13 Und nahe war das Pascha der Juden.[19] Und Jesus stieg hinauf nach Jerusalem. 14 Und er fand im Tempel die Verkäufer von Ochsen und Schafen und Tauben und die Wechsler sitzen; 15 und er machte eine Peitsche aus Stricken, trieb alle hinaus aus dem Tempel, die Schafe und die Ochsen; und die Münze der Wechsler schüttete er aus und die Tische stürzte er um. 16 Und zu den Verkäufern von Tauben sprach er: »Nehmt dies von hier weg!	*[Vgl 14, 1]* 15 Und sie kommen nach Jerusalem. Und hineingegangen in den Tempel,	*[Vgl 26, 1]* 12 Und Jesus ging hinein in den Tempel	*[Vgl 22, 1]* 45 Und hineingegangen in den Tempel,
	fing er an, hinauszutreiben die Verkäufer und die Käufer im Tempel; und die Tische der Wechsler und die Sitze der Verkäufer der Tauben stieß er um. 16 Und er ließ nicht zu, daß einer hindurchtrage ein Gefäß durch den Tempel.	und trieb hinaus alle die Verkäufer und Käufer im Tempel; und die Tische der Wechsler stieß er um und die Sitze der Verkäufer der Tauben.	fing er an, hinauszutreiben die Verkäufer,
Macht nicht das Haus meines Vaters[20] zum Handelshaus!«	17 Und er lehrte und sagte ihnen: »Steht nicht geschrieben: MEIN HAUS WIRD GEBETSHAUS GERUFEN WERDEN FÜR ALLE VÖLKER?[21] Ihr aber habt es zur RÄUBERHÖHLE[22] gemacht!«	13 Und er sagt ihnen: »Geschrieben steht: MEIN HAUS WIRD GEBETSHAUS GERUFEN WERDEN. Ihr aber macht es zur RÄUBERHÖHLE!«	46 indem er ihnen sagte: »Geschrieben steht: ES WIRD SEIN MEIN HAUS EIN GEBETSHAUS! Ihr aber habt es zur RÄUBERHÖHLE gemacht!« 47 Und er lehrte täglich im Tempel.
17 Es erinnerten sich seine Jünger, daß geschrieben ist: DER EIFER FÜR DEIN HAUS WIRD MICH AUFFRESSEN![23]	18 Und (das) hörten die Hohenpriester und die Schriftgelehrten und suchten, wie sie ihn vernichten könnten. Denn sie fürchteten sich. Denn die ganze Schar war außer sich über seine Lehre.	14 Und herzutraten zu ihm Blinde und Lahme im Tempel, und er heilte sie. 15 Da aber sahen die Hohenpriester und die Schriftgelehrten … wurden sie unwillig.	Die Hohenpriester aber und die Schriftgelehrten suchten, ihn zu vernichten, auch die Ersten des Volkes. 48 Und sie fanden nicht, was sie tun könnten. Denn das ganze Volk hing an ihm hörend.

---

[19] *Vgl 6, 4; 11, 55.* [20] *Vgl Lk 2, 49.* [21] *Jes 56, 7.* [22] *Jer 7, 11.* [23] *Ps 69, 9.*

9. Zeichenforderung der Juden

Joh 2, 18–22

18 Es antworteten nun die Juden

und sprachen zu ihm:

»Was für ein Zeichen zeigst du uns,
daß du dies tust?«
19 Jesus antwortete und sprach zu
ihnen:
»Löst dieses Heiligtum (auf),
und in drei Tagen werde ich es aufrichten!«

20 Es sprachen nun die Juden:
»In sechsundvierzig Jahren wurde
erbaut dieses Heiligtum, und du, du
wirst es in drei Tagen aufrichten?«
21 Jener aber sagte (es) über das
Heiligtum seines Leibes.
22 Als er nun auferweckt war
von den Toten, erinnerten sich seine
Jünger, daß er dies sagte;[24]
und sie glaubten der Schrift und
dem Wort, das Jesus gesprochen hatte.

Mk 11, 27–28; 14, 58; 15, 29

27 … kommen zu ihm die Hohenprie-
ster und die Schriftgelehrten und die
Ältesten. 28 Und sie sagten ihm:
»In welcher Vollmacht tust du dies?
Oder wer hat dir diese Vollmacht
gegeben, daß du dies tust?«

14,58 »Wir hörten ihn sagen:
Ich werde abreißen dieses mit Händen
gemachte Heiligtum und binnen drei
Tagen ein anderes, nicht mit Händen
gemachtes erbauen.«
15,29 … und sagten:
»Ha, der du abreißt
das Heiligtum und
erbaust in drei Tagen!«

Mt 21, 23; 26, 61; 27, 40

23 … traten zu ihm, da er lehrte,
die Hohenpriester und die Ältesten
des Volks, sagten:
»In welcher Vollmacht tust du dies?
Und wer hat dir diese Vollmacht
gegeben?«

26,61 »Dieser sagte:
Ich kann abreißen dieses Heiligtum
Gottes und binnen drei Tagen
erbauen.«

27,40 und sagten:
»Der du abreißt
das Heiligtum und
in drei Tagen erbaust!«

Lk 20, 1–2; Apg 6, 14; Lk 24, 6

1 … traten die Hohenpriester und
die Schriftgelehrten mit den Ältesten
hinzu. 2 Und sie sprachen, sagten zu
ihm: »Sprich (zu) uns, in welcher
Vollmacht du dies tust! Oder wer ist's,
der dir diese Vollmacht gab?«

6,14 »Denn wir hörten, (wie) er sagte:
Jesus der Nazoräer, dieser wird diesen Ort abreißen …«

24,6 »Er ist nicht hier, sondern
auferweckt! Erinnert euch,
wie er zu euch geredet hat,
da er noch in Galiläa war.«
[Vgl 24, 27. 32. 44. 45]

10. Wirksamkeit Jesu in Jerusalem

Joh 2, 23–25

23 Wie er aber in Jerusalem am Pascha
in der Festversammlung war, glaubten
viele an seinen Namen,[25] da sie seine
Zeichen schauten, die er tat.[26]
24 Er selbst aber, Jesus, vertraute sich
ihnen nicht an, weil er alle erkannte
25 und weil er nicht nötig hatte,
daß einer zeuge über den Menschen.
Denn er selbst erkannte,
was in dem Menschen war.

Mk 14, 2

2 Sie sagten nämlich:
»Nicht in der Festversammlung,
sonst wird ein Aufruhr des Volkes
sein!« *[Vgl 11, 18; 12, 37c]*

Mt 26, 5

5 Sie sagten aber:
»Nicht in der Festversammlung,
damit kein Aufruhr entsteht im Volk!«
[Vgl 21, 14; 22, 33]

[Vgl 19, 48]

---

[24] *Vgl 12, 16; 14, 26.*   [25] *Vgl 1, 12.*   [26] *Vgl 7, 31; 11, 47f.*

11. Das Gespräch mit Nikodemus

Joh 3, 1–21	Mk 12, 13–14	Mt 22, 15–16	Lk 20, 20–21

1 Es war aber ein Mensch aus den Pharisäern, Nikodemus sein Name, ein Vorsteher der Juden. 2 Dieser kam zu ihm nachts[27] und sprach zu ihm: »Rabbi, wir wissen, daß du von Gott gekommen bist als Lehrer. Denn niemand kann diese Zeichen tun, die du tust, wenn nicht Gott mit ihm ist.«

13 Und sie senden zu ihm einige der Pharisäer und der Herodianer, damit sie ihn einfingen mit einem Wort. 14 Und sie kamen, sagen ihm: »Lehrer, wir wissen, daß du wahrhaftig bist und dich um niemanden kümmerst; denn du blickst nicht aufs Ansehen von Menschen, sondern wahrheitsgemäß lehrst du den Weg Gottes.«

15 Dann zogen die Pharisäer hin, faßten (den) Beschluß, ihn mit einem Wort zu fangen. 16 Und sie senden ihm ihre Jünger mit den Herodianern, die sagten: »Lehrer, wir wissen, daß du wahrhaftig bist und den Weg Gottes in Wahrheit lehrst und dich um niemanden kümmerst; denn du blickst nicht aufs Ansehen von Menschen.«

20 Und (ihn) beobachtend sandten sie Aufpasser, die heuchelten, sie seien gerecht, damit sie ihn bei einem Wort packten ... 21 Und sie fragten ihn, sagten: »Lehrer, wir wissen, daß du richtig redest und lehrst und nicht (Rücksicht) nimmst aufs Ansehen, sondern wahrheitsgemäß lehrst du den Weg Gottes.«

3 Jesus antwortete und sprach zu ihm: »Amen, amen, ich sage dir: Wenn einer nicht von oben geboren wurde, kann er das Gottesreich nicht sehen.«[28] 4 Es sagt zu ihm Nikodemus: »Wie kann ein Mensch geboren werden, wenn er ein Greis ist? Er kann doch nicht ein zweites Mal in den Schoß seiner Mutter hineingehen und geboren werden?« 5 Jesus antwortete: »Amen, amen, ich sage dir: Wenn einer nicht geboren wird aus Wasser und Geist, kann er nicht in das Gottesreich hineingehen! 6 Das aus dem Fleisch Geborene ist Fleisch, und das aus dem Geist Geborene ist Geist. 7 Staune nicht, daß ich zu dir sprach: Ihr müßt von oben geboren werden. 8 Der Geist weht, wo er will, und seinen Ruf hörst du, aber du weißt nicht, woher er kommt und wohin er hingeht.[29] So ist jeder, der aus dem Geist geboren (ist).« 9 Nikodemus antwortete und sprach zu ihm: »Wie kann dies geschehen?«[30] 10 Jesus antwortete und sprach zu ihm: »Du, du bist der Lehrer Israels und erkennst dies nicht? 11 Amen, amen, ich sage dir: Was wir wissen, reden wir, und was wir gesehen haben, bezeugen wir; und unser Zeugnis nehmt ihr nicht an.[31] 12 Wenn ich zu euch von Irdischem sprach und ihr nicht glaubt, wie werdet ihr, wenn ich zu euch von Himmlischem spreche, glauben?[32]

13 Und niemand ist in den Himmel hinaufgestiegen, außer dem, der aus dem Himmel herabgestiegen ist, der Menschensohn. 14 Und wie Mose die Schlange erhöht hat in der Wüste,[33] so muß erhöht werden der Menschensohn,[34] 15 damit jeder, der (an ihn) glaubt, (in ihm)* ewiges Leben habe.[35] 16 Denn so hat Gott die Welt geliebt, daß er den eingeborenen Sohn (hin)gab, damit jeder, der an ihn glaubt, nicht verderbe, sondern ewiges Leben habe.[36] 17 Denn Gott hat den Sohn nicht in die Welt gesandt, damit er die Welt richte, sondern damit die Welt gerettet werde durch ihn.[37] 18 Wer an ihn glaubt, wird nicht gerichtet. Wer aber nicht glaubt, ist schon gerichtet, weil er nicht geglaubt hat an den Namen des eingeborenen Sohnes Gottes.[38] 19 Dies aber ist das Gericht: Daß das Licht in die Welt gekommen ist[39] und die Menschen die Finsternis mehr liebten als das Licht; denn ihre Werke waren böse. 20 Denn jeder, der Schlechtes verübt, haßt das Licht und kommt nicht zum Licht, damit seine Werke nicht entlarvt werden. 21 Wer aber die Wahrheit tut,[40] kommt zum Licht, damit seine Werke offenbart werden, daß sie durch Gott gewirkt sind.«

---

* Ob »(an ihn) glaubt« oder »(in ihm) ewiges Leben« zu lesen ist, läßt der Text offen; zwei Handschriften machen klar, daß sie »an ihn glauben« lesen wollen.
[27] Vgl 7, 50; 19, 39.
[28] Vgl Mt 18, 3: »Amen, ich sage euch: Wenn ihr euch nicht abwendet und werdet wie die Kinder, werdet ihr nicht hineinkommen in das Himmelreich!«

Vgl auch Mk 10, 15; Lk 18, 17; Tomasevangelium 22.
[29] Vgl Koh 11, 5.
[30] Vgl Lk 1, 34.
[31] Vgl 3, 32; 8, 26.
[32] Vgl Weish 9, 16; Lk 22, 67.
[33] Vgl Num 21, 9.

[34] Vgl 8, 28; 12, 34.
[35] Vgl 20, 31.
[36] Vgl 3, 36; 10, 28; 1 Joh 4, 9–10; 5, 13.
[37] Vgl 5, 22. 30; 8, 15 f; 12, 47.
[38] Vgl 5, 24.
[39] Vgl 1, 5. 9; 8, 12; 9, 5.
[40] Vgl Tob 4, 6 (LXX).

12. Erneutes Zeugnis des Johannes angesichts des Tauferfolgs Jesu

Joh 3, 22–36	Mk 10, 1a; 1, 4–5. 14	Mt 19, 1; 3, 1. 2a. 5–6. 12	Lk 3, 2b. 3. 19–20
22 Danach kam Jesus und seine Jünger in das judäische Land; und dort hielt er sich mit ihnen auf und taufte.[41]	1a Und von dort aufgestanden, kommt er in das Gebiet Judäas und jenseits des Jordan.	1 Und es geschah: Als Jesus diese Worte beendet hatte, zog er weg von Galiläa und kam in die Gebiete Judäas jenseits des Jordan.	[Vgl Lk 4, 44]
23 Es war aber auch Johannes am Taufen in Änon, nahe Salim, weil dort viele Wasser waren;	1, 4 So geschah (es): Johannes, der Täufer, in der Wüste verkündigend eine Taufe der Umkehr zum Nachlaß von Sünden.	3, 1 In jenen Tagen aber tritt auf Johannes, der Täufer, verkündigend in der Wüste Judäas 2 (und) sagt: »Kehrt um!«	3, 2b Da erging ein Gottesspruch an Johannes, den Sohn (des) Zacharias, in der Wüste.
und sie traten auf	5 Und es zog hinaus zu ihm das ganze Land Judäa und die Jerusalemer alle; und sie wurden getauft von ihm im Jordanfluß, bekennend ihre Sünden.	5 Da zog hinaus zu ihm Jerusalem und ganz Judäa und das ganze Umland des Jordan, 6 und sie wurden getauft im Jordanfluß von ihm, bekennend ihre Sünden.	3 Und er kam in das ganze Umland des Jordan, verkündigend eine Taufe der Umkehr zum Nachlaß von Sünden.
und wurden getauft.			
24 Denn noch war Johannes nicht ins Gefängnis geworfen worden.	14 Nachdem aber Johannes ausgeliefert wurde, kam Jesus nach Galiläa … [Vgl Mk 6, 17–18]	12 Als er aber hörte, daß Johannes ausgeliefert wurde, zog er sich zurück nach Galiläa. [Vgl Mt 14, 3–4]	19 Herodes aber, der Vierfürst, gerügt von ihm betreffs Herodias, der Frau seines Bruders, und betreffs alles Bösen, das Herodes getan hatte, 20 fügte auch dies zu allem hinzu: Er ließ den Johannes im Gefängnis einschließen.

25 Es entstand nun eine Diskussion zwischen Johannesjüngern und einem Juden* über (die) Reinigung. 26. Und sie kamen zu Johannes und sprachen zu ihm: »Rabbi, der mit dir jenseits des Jordan war, für den du gezeugt hast, sieh, dieser tauft, und alle kommen zu ihm!« 27 Johannes antwortete und sprach: »Nicht kann ein Mensch auch nur eins nehmen, wenn es ihm nicht gegeben ist aus dem Himmel.[42] 28 Ihr selbst, ihr bezeugt mir, daß ich sprach: ›Ich, ich bin nicht der Christus!‹[43], vielmehr: ›Gesandt bin ich vor jenem her!‹[44] 29 Wer die Braut hat, ist (der) Bräutigam.[45] Der Freund des Bräutigams aber, der (da)steht und ihn hört, freut sich in Freude wegen des Rufs des Bräutigams. Diese meine Freude nun hat sich erfüllt.
30 Jener muß wachsen, ich aber abnehmen.

31 Der von oben Kommende ist über allen. Der aus der Erde Seiende ist aus der Erde und redet aus der Erde. Der aus dem Himmel Kommende ist über allen.[46] 32 Was er gesehen und gehört hat, dies bezeugt er,[47] und sein Zeugnis nimmt niemand (an). 33 Wer sein Zeugnis (an)genommen hat, hat besiegelt, daß Gott zuverlässig ist. 34 Denn er, den Gott gesandt hat, redet die Gottessprüche; denn ohne Maß gibt er den Geist.
35 Der Vater liebt den Sohn und hat alles in seine Hand gegeben.[48]
36 Wer an den Sohn glaubt, hat ewiges Leben. Wer aber dem Sohn nicht gehorcht, wird Leben nicht sehen, sondern der Zorn Gottes bleibt auf ihm.«[49]

---

* Zahlreiche Handschriften verwenden den Plural.
[41] Vgl 3, 26; 4, 1f.
[42] Vgl 19, 11; auch Mk 11, 30; Mt 21, 25; Lk 20, 4.
[43] Vgl 1, 20.

[44] Vgl Mk 1, 2; Mt 11, 10; Lk 7, 27 mit Ex 23, 20; Mal 3, 1.
[45] Vgl Mk 2, 19; Mt 9, 15; Lk 5, 34.
[46] Vgl 8, 23; 1 Joh 4, 5.

[47] Vgl 3, 11; 8, 26.
[48] Vgl 5, 20; 10, 17; 13, 3; 15, 9; auch Mt 11, 27/Lk 10, 22: »Alles ist mir übergeben von meinem Vater …«
[49] Vgl 3, 16; 1 Joh 5, 13; auch Eph 5, 6.

13. Reise nach Galiläa

Joh 4, 1–3	Mk 1, 14	Mt 4, 12	Lk 4, 14
1 Wie nun Jesus erfuhr, daß die Pharisäer gehört hatten, daß Jesus mehr Jünger macht und tauft als Johannes 2 – obschon Jesus selbst nicht taufte, sondern seine Jünger –,[50] 3 verließ er Judäa und ging wiederum fort nach Galiläa.	14 Nachdem aber Johannes ausgeliefert wurde,	12 Als er aber hörte, daß Johannes ausgeliefert wurde,	14 Und Jesus
	kam Jesus nach Galiläa …	zog er sich zurück nach Galiläa.	kehrte in der Kraft des Geistes nach Galiläa zurück …

14. Das Gespräch mit der Samariterin und die Mission in Samaria

Joh 4, 4–38

4 Er mußte aber durch Samaria (hin)durchgehen.[51] 5 Er kommt nun in eine Stadt Samarias, genannt Sychar, in der Nähe des Grundstücks, das Jakob seinem Sohn Josef gab. 6 Es war aber dort Jakobs Quelle. Jesus nun, ermüdet von der Wanderung, setzte sich einfach bei der Quelle (nieder). Es war um die sechste Stunde. 7 Es kommt eine Frau aus Samaria, Wasser zu schöpfen. Es sagt ihr Jesus: »Gib mir zu trinken!« 8 Denn seine Jünger waren fortgegangen in die Stadt, um Nahrungsmittel zu kaufen. 9 Es sagt ihm nun die Frau, die Samariterin: »Wieso verlangst du, der du Jude bist, von mir zu trinken, die ich eine samaritische Frau bin?« Juden halten nämlich mit Samaritern keinen Kontakt.[52] 10 Jesus antwortete und sprach zu ihr: »Wenn du das Geschenk Gottes känntest und (wüßtest), wer der ist, der dir sagt[53]: ›Gib mir zu trinken‹, du, du hättest von ihm verlangt, und er hätte dir lebendiges Wasser gegeben.«[54] 11 Es sagt ihm die Frau: »Herr, du hast kein Schöpfgefäß, und der Brunnen ist tief. Woher nun hast du das lebendige Wasser? 12 Bist *du* etwa größer als unser Vater Jakob,[55] der uns den Brunnen gab und der selbst aus ihm trank und seine Söhne und seine Herden?« 13 Jesus antwortete und sprach zu ihr: »Jeder, der aus diesem Wasser trinkt, wird wieder dürsten. 14 Wer aber trinkt aus dem Wasser, von dem ich ihm geben werde, wird nicht dürsten in Ewigkeit;[56] vielmehr wird das Wasser, das ich ihm geben werde, in ihm zu einer Quelle werden, deren Wasser ins ewige Leben sprudelt.« 15 Es sagt zu ihm die Frau: »Herr, gib mir dieses Wasser, damit ich nicht mehr dürsten und nicht mehr hierher kommen muß zu schöpfen!« 16 Er sagt ihr: »Geh hin, ruf deinen Mann und komm hierher!« 17 Die Frau antwortete und sprach zu ihm: »Ich habe keinen Mann.« Es sagt ihr Jesus: »Trefflich sprachst du ›Ich habe keinen Mann‹. 18 Denn fünf Männer hattest du, und jetzt, den du hast, er ist nicht dein Mann. Dies hast du zuverlässig gesprochen.« 19 Es sagt ihm die Frau: »Herr, ich schaue: Ein Prophet bist *du*![57] 20 Unsere Väter haben auf diesem Berg gehuldigt[58]. Und ihr, ihr sagt: In Jerusalem ist der Ort, wo man huldigen muß.«[59] 21 Es sagt ihr Jesus:

»Glaube mir, Frau, es kommt eine Stunde, wann ihr weder auf diesem Berge noch in Jerusalem huldigen werdet dem Vater. 22 Ihr, ihr huldigt (dem), das ihr nicht kennt. Wir, wir huldigen (dem), was wir kennen; denn die Rettung ist aus den Juden (gekommen).[60] 23 Aber es kommt eine Stunde und jetzt ist sie, wann die wahren Huldiger dem Vater huldigen werden in Geist und Wahrheit; denn auch der Vater sucht solche ihm Huldigenden. 24 Geist (ist) Gott,[61] und die ihm Huldigenden müssen in Geist und Wahrheit huldigen.« 25 Es sagt ihm die Frau: »Ich weiß, daß der Messias kommt, der (so)genannte Christus. Wenn jener gekommen ist, wird er uns alles melden.«[62] 26 Es sagt ihr Jesus: »Ich, ich bin's, der mit dir redet!« 27 Und über diesem kamen seine Jünger und staunten, daß er mit einer Frau redete. Niemand freilich sprach: »Was suchst du?«, oder: »Was redest du mit ihr?« 28 Die Frau ließ nun ihren Wasserkrug (stehen) und ging fort in die Stadt und sagt den Menschen: 29 »Kommt, seht einen Menschen, der zu mir (über) alles sprach, was ich getan habe. Ob dieser etwa der Christus ist?«[63] 30 Sie gingen aus der Stadt hinaus und kamen zu ihm. 31 Inzwischen baten ihn die Jünger, sagten: »Rabbi, iß!« 32 Er aber sprach zu ihnen: »Ich, ich habe eine Speise zu essen, die *ihr* nicht kennt.« 33 Es sagten nun die Jünger zueinander: »Hat etwa einer ihm zu essen gebracht?« 34 Es sagt ihnen Jesus: »Meine Speise ist, daß ich den Willen dessen tue, der mich geschickt hat, und sein Werk vollende. 35 Sagt *ihr* nicht: Noch vier Monate, und die Ernte kommt? Siehe, ich sage euch: Erhebt eure Augen und schaut die Länder an: Sie sind weiß zur Ernte![64] 36 Schon empfängt der Erntende Lohn und sammelt Frucht ins ewige Leben, auf daß sich der Sämann zugleich mit dem Erntenden freue. 37 Denn darin ist das Wort wahr: Ein anderer ist der Sämann und ein anderer der Erntende. 38 Ich, ich habe euch gesandt zu ernten, worum *ihr* euch nicht gemüht habt. Andere haben sich gemüht, und ihr, ihr seid in (den Genuß) ihrer Mühe hineingekommen.«

---

[50] Vgl. 3, 22. 26.
[51] Vgl Lk 9, 52; 17, 11; auch Mt 10, 5.
[52] Vgl Esr 4, 3; 9, 1–10, 44.
[53] Vgl 4, 26.
[54] Vgl 7, 37 f; Offb 21, 6; 22, 17.
[55] Vgl 8, 53.
[56] Vgl 6, 35.
[57] Vgl 7, 40; 9, 17; Mt 21, 46.
[58] Vgl Dtn 11, 29; Jos 8, 33.
[59] Vgl Dtn 12, 5 ff; Ps 122, 1–5.
[60] Vgl Röm 9, 3 f.
[61] Vgl 2 Kor 3, 17.
[62] Vgl 1, 41; 14, 28.
[63] Vgl 7, 26; Mt 12, 23.
[64] Vgl Mt 9, 37; Lk 10, 2.

15. Zwei Tage in Samaria

Joh 4, 39–42

39 Aus jener Stadt aber glaubten viele der Samariter an ihn um des Wortes der Frau willen, die bezeugte: »Er sprach zu mir (über) alles, was ich getan habe.«
40 Wie nun die Samariter zu ihm kamen, baten sie ihn, bei ihnen zu bleiben. Und er blieb dort zwei Tage. 41 Und viel mehr glaubten um seines Wortes willen, 42 der Frau aber sagten sie: »Wir glauben nicht mehr um deiner Rede willen; denn wir selbst haben gehört und wissen: Dieser ist wahrhaftig der Retter der Welt!«[65]

Apg 9, 42; Mk 5, 14c. 17   [Vgl Lk par]

42 Bekannt aber wurde es in ganz Joppe, und viele glaubten an den Herrn.

14c Und sie kamen zu sehen, was das Geschehene sei. 17 Und sie fingen an, ihn zu bitten, er möge fortgehen von ihrem Gebiet.

16. Wirksamkeit in Galiläa

Joh 4, 43–45

43 Nach den zwei Tagen aber ging er von dort hinaus nach Galiläa.[66]
44 Denn er selbst, Jesus, bezeugte, daß ein Prophet in seiner eigenen Vaterstadt keine Achtung hat.[67]

45 Als er nun nach Galiläa kam, nahmen ihn die Galiläer auf, da sie alles gesehen hatten, was er in Jerusalem am Fest getan hatte;[68] denn auch sie selbst waren zum Fest gekommen.

Mk 6, 4

4 Und Jesus sagte ihnen: »Ein Prophet ist nicht mißachtet, außer in seiner Vaterstadt und bei seinen Verwandten und in seinem Hause!«

Mt 13, 57b

57b Jesus aber sprach zu ihnen: »Ein Prophet ist nicht mißachtet, außer in seiner Vaterstadt und in seinem Hause!«

Lk 4, 24

24 Er aber sprach: »Amen, ich sage euch: Kein Prophet ist genehm in seiner Vaterstadt!«

---

[65] *Vgl 1 Joh 4, 14.*   [67] *Vgl Tomasevangelium 31:* »Jesus sprach: ›Nicht ist ein Prophet genehm in seinem Dorfe! Nicht heilt ein Arzt die, welche ihn kennen!‹«
[66] *Vgl 4, 3.*
[68] *Vgl 2, 23.*

17. Der Glaube des königlichen Beamten von Kafarnaum

Joh 4, 46–53

46 Er kam nun wiederum nach Kana in Galiläa, wo er das Wasser zu Wein gemacht hatte.[69] Und es war ein königlicher (Beamter), dessen Sohn krank war in Kafarnaum.

47 Dieser hörte, daß Jesus aus Judäa nach Galiläa gekommen war; er ging fort zu ihm und fragte ihn, daß er herabsteige und seinen Sohn gesund mache; er war nämlich dabei zu sterben.

48 Jesus nun sprach zu ihm: »Wenn ihr nicht Zeichen und Wunder seht, werdet ihr nicht glauben!« 49 Es sagt zu ihm der königliche (Beamte): »Herr, steig herab,

bevor mein Kind stirbt!«

50 Es sagt ihm Jesus: »Zieh hin, dein Sohn lebt!« Der Mensch glaubte dem Wort, das Jesus zu ihm gesprochen, und zog hin. 51 Schon da er hinabstieg aber, begegneten ihm seine Sklaven, sagten, daß sein Kind lebe. 52 Er erkundete nun von ihnen die Stunde, in der er Besserung gehabt; sie sprachen nun zu ihm: »Gestern um die siebte Stunde verließ ihn das Fieber!« 53 Es erkannte nun der Vater, daß (es) in jener Stunde (war), in der Jesus zu ihm sprach: »Dein Sohn lebt!« Und er glaubte und sein ganzes Haus.[70]

Mt 8, 5–13

5 Da er aber hineinging nach Kafarnaum, trat herzu zu ihm ein Hauptmann,

bat ihn 6 und sagte: »Herr, mein Bursche ist bettlägrig im Hause gelähmt, furchtbar gequält.«

7 Und er sagt ihm: ›Ich, ich soll kommen, ihn heilen?‹ 8 Und der Hauptmann antwortete, sagte: »Herr, ich bin nicht wert, daß du unter mein Dach hineinkommst!

Aber sprich allein kraft eines Wortes, und gesund gemacht werden wird mein Bursche! 9 Denn auch ich, ich bin ein Mensch unter Vollmacht, habe Soldaten unter mir. Und ich sage diesem: ›Zieh hin!‹, und er zieht hin; und einem anderen: ›Komm!‹, und er kommt; und meinem Knecht: ›Tu dies!‹, und er tut's.« 10 Da aber Jesus (es) hörte, staunte er und sprach zu den Nachfolgenden: »Amen, ich sage euch: Bei niemandem habe ich so großen Glauben in Israel gefunden!« *[Vgl weiter VV 11–12]* 13 Und Jesus sprach zu dem Hauptmann: »Geh hin, wie du geglaubt hast, geschehe dir!«

Und gesund gemacht war (sein) Bursche in jener Stunde.

Lk 7, 1 b–10

1 b ... ging er hinein nach Kafarnaum.

2 Mit eines Hauptmannes Knecht aber, der übel daran war, ging es zu Ende; der war ihm teuer. 3 Da er über Jesus hörte, sandte er zu ihm Älteste der Juden, fragte ihn, auf daß er komme und seinen Knecht errette.

4 Sie aber traten auf bei Jesus, baten ihn, eilig sagend: »Er ist würdig, daß du ihm dies gewährst! 5 Denn er liebt unsere Nation und die Synagoge hat er selbst uns gebaut!« 6 Jesus aber zog mit ihnen. Als er aber schon nicht weit entfernt war von dem Haus, schickte der Hauptmann Freunde, sagte ihm: »Herr, behellige dich nicht, denn ich bin nicht wert, daß du unter mein Dach hineinkommst! 7 Deshalb habe ich mich auch nicht für würdig gehalten, zu dir zu kommen. Aber sprich kraft eines Wortes, und gesund gemacht werden soll mein Bursche! 8 Denn auch ich, ich bin ein Mensch, unter Vollmacht gestellt, habe Soldaten unter mir. Und ich sage diesem: ›Zieh hin!‹, und er zieht hin; und einem anderen: ›Komm!‹, und er kommt; und meinem Knecht: ›Tu dies!‹, und er tut's.« 9 Da aber Jesus dies hörte, staunte er über ihn, und zu der ihm nachfolgenden Schar gewandt, sprach er: »Ich sage euch: Nicht mal in Israel habe ich so großen Glauben gefunden!«

10 Und zurückgekehrt in das Haus, fanden die Gesandten den Knecht gesund.

---

[69] Vgl 2, 1–11.   [70] Vgl Apg 11, 14; 16, 14–15, 31.

18. Das zweite Zeichen

Joh 4, 54

54 Dieses zweite Zeichen wiederum tat Jesus, als er aus Judäa nach Galiläa kam.

Joh 2, 12

12 Diesen Anfang der Zeichen machte Jesus in Kana in Galiläa, und er offenbarte seine Herrlichkeit, und es glaubten an ihn seine Jünger.

Joh 20, 30

30 Zwar viele nun und andere Zeichen tat Jesus vor seinen Jüngern, die nicht aufgeschrieben sind in diesem Buch.

19. Heilung eines Lahmen in Jerusalem

Joh 5, 1–9 b

1 Danach war ein* Fest der Juden. Und Jesus stieg hinauf nach Jerusalem.

2 Es ist aber in Jerusalem bei dem Anbau ein Teich, der auf Hebräisch Betzata** heißt, mit fünf Säulenhallen.
3 In diesen lag eine Menge Kranker, Blinder, Lahmer, Ausgezehrter.***
5 Es war aber ein Mensch dort,[71] der achtunddreißig Jahre sein Leiden hatte.[72]
6 Da Jesus diesen (da) liegen sah und erfuhr, daß er schon viel Zeit hat, sagt er ihm:
»Willst du gesund werden?«
7 Es antwortete ihm der Kranke:
»Herr, ich habe keinen Menschen, der mich in den Teich brächte, wenn das Wasser bewegt wird. Während *ich* aber komme, steigt ein anderer vor mir hinab.«
8 Es sagt ihm Jesus:
»Richte dich auf, trage deine Matratze und geh umher!«
9 Und sogleich wurde der Mensch gesund, und er trug seine Matratze und ging umher.

Joh 2, 13; Mk 10, 51a; 2, 9. 12

13 Und nahe war das Pascha der Juden. Und Jesus stieg hinauf nach Jerusalem.

10, 51 a Und Jesus antwortete ihm,

sprach:
»Was willst du, daß ich dir tun soll?«

2, 9 »Richte dich auf, trage deine Matratze und geh umher!«
12 Und er richtete sich auf, trug gleich die Matratze und ging vor aller (Augen) hinaus …

Joh 7, 14; Mt 20, 32; 9, 5. 7

14 Als aber das Fest schon in der Mitte war, stieg Jesus hinauf zum Tempel und lehrte.   [Vgl 7, 1–13]

20, 32 Und Jesus blieb stehen, rief sie

und sprach:
»Was wollt ihr, daß ich euch tun soll?«

9, 5 »Richte dich auf und geh umher!« [Vgl V 6 par Mk 2, 11]
7 Und aufgerichtet,

ging er fort in sein Haus …

Joh 12, 1. 12; Lk 18, 40b–41a; 5, 23. 25

1 Jesus nun kam sechs Tage vor dem Pascha nach Betanien … 12 Am folgenden Tag hörte das viele Volk, das zum Fest gekommen war, daß Jesus nach Jerusalem kommt.

18, 40 b Da er aber nahekam,

fragte er ihn:
41 a »Was willst du, daß ich dir tun soll?«

5, 23 »Richte dich auf und geh umher!« [Vgl V 24]
25 Und sofort stand er auf angesichts ihrer, trug, worauf er gelegen hatte, und ging fort in sein Haus …

---

* Viele Handschriften lesen »das Fest«.
[71] Vgl Mk 3, 1 b: »Und dort war ein Mensch …«
Mt 12, 10 a: »Und siehe, ein Mensch …«
Lk 6, 6 b: »Und (es) war dort ein Mensch …«
[72] Vgl Mk 5, 25: »Und eine Frau, an Blutfluß (krank) seit zwölf Jahren«; Mt 9, 20 a: »Und siehe, eine Frau, blutflüssig seit zwölf Jahren …«; Lk 8, 43 a: »Und eine Frau, an Blutfluß (krank) von zwölf Jahren an …«

** Die Handschriften bieten verschiedenartige Namensformen.

*** Zahlreiche Zeugen lesen zusätzlich als V 4: »Denn ein Engel (des) Herrn stieg von Zeit (zu Zeit) herab in den Teich und bewegte das Wasser. Wer nun als erster hineinstieg nach der Bewegung des Wassers, wurde gesund, von welcher Krankheit er auch befallen war.«

20. Der an die Heilung anschließende Sabbatkonflikt

Joh 5, 9c–18

9c Es war aber Sabbat an jenem Tag.[73]
10 Es sagten nun die Juden dem Geheilten: »Es ist Sabbat, und es ist dir nicht erlaubt, deine Matratze zu tragen!«[74] 11 Er aber antwortete ihnen: »Der mich gesund gemacht hat, jener sprach zu mir: ›Trage deine Matratze und geh umher!‹« 12 Sie fragten ihn: »Wer ist der Mensch, der zu dir sprach: ›Trage und geh umher?‹« 13 Der Gesundgemachte aber wußte nicht, wer es ist; denn Jesus hatte sich unter der Schar, die an dem Ort war, entfernt.

14 Danach findet ihn Jesus im Tempel und sprach zu ihm: »Sieh, du bist gesund geworden. Sündige nicht mehr, damit dir nicht Schlimmeres geschehe!«[75] 15 Der Mensch ging fort und meldete den Juden, daß es Jesus sei, der ihn gesund gemacht habe.[75] 16 Und deshalb verfolgten die Juden Jesus, weil er dies am Sabbat tat. 17 Jesus aber antwortete ihnen: »Mein Vater arbeitet bis nun, und auch ich arbeite.« 18 Deshalb nun suchten die Juden noch mehr, ihn zu töten[76], weil er nicht allein den Sabbat auflöste, sondern auch Gott seinen eigenen Vater nannte, sich gleichmachend mit Gott.[77]

21. Die an den Sabbatkonflikt anschließende Offenbarungsrede

Joh 5, 19–47

19 Jesus antwortete nun und sagte ihnen: »Amen, amen, ich sage euch: Der Sohn kann von sich aus nichts tun[78], wenn er nicht den Vater etwas tun sieht; denn was jener tut, dies tut desgleichen auch der Sohn. 20 Denn der Vater liebt den Sohn[79] und alles zeigt er ihm, was er selbst tut. Und größere Werke als diese wird er ihm zeigen, daß *ihr* staunen werdet. 21 Denn wie der Vater die Toten auferweckt und lebendig macht, so macht auch der Sohn, die er will, lebendig.[80] 22 Denn der Vater richtet auch niemanden, sondern hat das ganze Gericht dem Sohn gegeben[81], 23 damit alle den Sohn ehren, wie sie den Vater ehren. Wer den Sohn nicht ehrt, ehrt den Vater nicht, der ihn geschickt hat.[82] 24 Amen, amen, ich sage euch: Wer mein Wort hört und dem glaubt, der mich geschickt hat, hat ewiges Leben und kommt nicht ins Gericht, sondern ist hinübergeschritten aus dem Tod in das Leben.[83] 25 Amen, amen, ich sage euch: Es kommt eine Stunde und jetzt ist sie, wann die Toten den Ruf des Sohnes Gottes hören und die Hörer leben werden.[84] 26 Denn wie der Vater Leben in sich hat, so hat er auch dem Sohn gegeben, Leben in sich zu haben. 27 Und Vollmacht gab er ihm, Gericht zu wirken, weil er (der) Menschensohn ist. 28 Staunt nicht darüber, daß eine Stunde kommt, in der alle die in den Gräbern seinen Ruf hören werden. 29 Und herauskommen werden, die das Gute gewirkt, zur Auferstehung des Lebens, die aber Schlechtes verübt, zur Auferstehung des Gerichts.[85] 30 Ich, ich kann von mir aus nichts tun. Wie ich höre, richte ich, und mein Gericht ist gerecht, weil ich nicht meinen Willen suche, sondern den Willen dessen, der mich geschickt hat.[86] 31 Wenn ich über mich selbst zeuge, ist mein Zeugnis nicht zuverlässig.[87]

32 Ein anderer ist's, der zeugt über mich, und ich* weiß, daß zuverlässig ist das Zeugnis, das er zeugt über mich.[88] 33 Ihr, ihr habt zu Johannes gesandt, und er hat für die Wahrheit gezeugt.[89] 34 Ich aber, ich nehme von einem Menschen Zeugnis nicht (an), vielmehr sage ich dies, damit *ihr* gerettet werdet. 35 Jener war die Leuchte, die brennt und scheint, ihr aber, ihr wolltet jubeln auf eine Stunde in seinem Licht. 36 *Ich* aber habe das Zeugnis, größer als (das) des Johannes. Denn die Werke, die mir der Vater gegeben hat, damit ich sie vollende, eben die Werke, die ich tue, zeugen über mich, daß der Vater mich gesandt hat.[90] 37 Und der Vater, der mich geschickt hat, jener hat über mich gezeugt. Nie habt ihr jemals seine Stimme gehört noch seine Gestalt gesehen.[91] 38 Und sein Wort habt ihr nicht bleibend in euch, weil *ihr* diesem, den jener sandte, nicht glaubt. 39 Ihr durchforscht die Schriften, weil *ihr* meint, in ihnen ewiges Leben zu haben. Und jene sind's, die zeugen über mich.[92] 40 Und ihr wollt nicht zu mir kommen, um Leben zu haben. 41 Herrlichkeit von Menschen nehme ich nicht (an),[93] 42 vielmehr, ich habe euch erkannt, daß ihr die Liebe Gottes nicht in euch habt.[94] 43 Ich, ich bin gekommen im Namen meines Vaters, und ihr nehmt mich nicht (an) Wenn ein anderer käme im eigenen Namen, jenen würdet ihr (an)nehmen. 44 Ihr, wie könnt ihr glauben, da ihr Herrlichkeit voneinander (an)nehmt und die Herrlichkeit vom alleinigen Gott nicht sucht?[95] 45 Meint nicht, daß *ich* euch beim Vater verklagen werde. Euer Ankläger ist Mose, auf den *ihr* gehofft habt.[96] 46 Denn wenn ihr Mose glauben würdet, würdet ihr mir glauben; denn über mich hat jener geschrieben.[97] 47 Wenn ihr aber dessen Schriften nicht glaubt, wie werdet ihr meinen Sprüchen glauben?«[98]

---

* Manche Zeugen lesen »ihr wißt«.

[73] Vgl 9, 14; Lk 13, 14: »Es antwortete aber der Synagogenvorsteher, der unwillig war, weil Jesus am Sabbat geheilt hatte, sagte zu der Schar: ›Sechs Tage sind's, an denen man arbeiten muß. An ihnen nun kommt, laßt euch heilen! Und nicht am Tage des Sabbats!‹«

[74] Vgl Mk 2, 24: »Und die Pharisäer sagten ihm: ›Sieh, warum tun sie am Sabbat, was nicht erlaubt ist?‹«; Mt 12, 2: »Da aber die Pharisäer (das) sahen, sprachen sie zu ihm: ›Siehe, deine Jünger tun, was nicht erlaubt ist zu tun am Sabbat‹!«; Lk 6, 2: »Einige aber der Pharisäer sprachen: ›Was tut ihr, was nicht erlaubt ist am Sabbat?‹« Vgl auch Mk 3, 1–6; Mt 12, 9–14; Lk 6, 6–11.

[75] Vgl 9, 11.

[76] Vgl 7, 1. 25; 8, 37. 40; 11, 53; auch Mk 3, 6 parr; Mk 14, 1 parr; Mt 14, 5.

[77] Vgl 10, 30. 33.

[78] Vgl 5, 30; 8, 28.

[79] Vgl 3, 35; 10, 17; 15, 9; 17, 23 f.

[80] Vgl 11, 25; auch Röm 4, 17; Eph 2, 5.

[81] Vgl 3, 17; 5, 27; 9, 39; 12, 47; auch Apg 10, 42; 17, 31.

[82] Vgl Lk 10, 16 b: »Wer aber mich abweist, weist ab den, der mich gesandt hat.«

[83] Vgl 3, 15. 16. 18; 8, 51; 12, 44; 1 Joh 3, 14.

[84] Vgl 5, 28; 11, 43.

[85] Vgl 5, 25; 11, 43.

[86] Vgl 4, 34; 5, 19; 6, 38.

[87] Vgl 8, 13 f.

[88] Vgl 1, 15. 34; 3, 26; 5, 36 ff.

[89] Vgl 1, 19–27.

[90] Vgl 10, 25. 38; 14, 11.

[91] Vgl 1, 18; 5, 37.

[92] Vgl Lk 24, 27. 44; Apg 13, 27.

[93] Vgl 12, 43.

[94] Vgl 1 Joh 3, 17.

[95] Vgl 12, 43.

[96] Vgl Dtn 31, 26 f.

[97] Vgl Dtn 18, 15; Lk 24, 27.

[98] Vgl Lk 16, 29–31.

22. Die Speisung der Fünftausend in Galiläa

Joh 6, 1–15

1 Danach fuhr Jesus fort jenseits des Meers von Galiläa, von Tiberias.
2 Es folgte ihm aber eine große Schar, weil sie geschaut hatten die Zeichen, die er wirkte an den Kranken.
3 Jesus aber ging auf den Berg und dort setzte er sich mit seinen Jüngern.
4 Es war aber nahe das Pascha, das Fest der Juden.[99] 5 Da Jesus nun die Augen erhob und schaute, daß eine große Schar zu ihm kommt,

sagt er zu Philippus:

»Woher sollen wir Brote kaufen, damit diese essen können?«
6 Dies aber sagte er, ihn prüfend. Er selbst nämlich wußte, was er tun werde.

7 Es antwortete ihm Philippus: »Für zweihundert Denare Brote genügen nicht für sie, daß jeder einen Happen empfinge.«

8 Es sagt ihm einer von seinen Jüngern, Andreas, der Bruder Simon Petri:[101]
9 »Es ist ein Kind hier, das hat fünf Gerstenbrote und zwei Bratfische.[102] Doch was ist das für so viele?«

Mk 6, 32–44 [Vgl 8, 1–9]

32 Und sie fuhren fort in dem Boot an einen abgelegenen Ort, für sich.
33 Und sie sahen sie hinfahren, und es bemerkten viele und liefen zu Fuß von all den Städten dort zusammen und kamen ihnen zuvor.

34 Und herausgekommen, sah er eine große Schar; und er bekam Mitleid mit ihnen, weil sie waren WIE SCHAFE, DIE KEINEN HIRTEN HABEN[100]. Und er fing an, sie viel zu lehren.

35 Und da es schon späte Stunde geworden, traten herzu zu ihm seine Jünger (und) sagten: »Abgelegen ist der Ort und schon späte Stunde.
36 Entlasse sie, damit sie fortgehen zu den Höfen und Dörfern ringsum, sich zu essen zu kaufen!«

37 Er aber antwortete, sprach zu ihnen: »Gebt *ihr* ihnen zu essen!« Und sie sagen ihm: »Sollen wir fortgehen, für zweihundert Denare Brote kaufen und ihnen zu essen geben?«
38 Er aber sagt ihnen: »Wie viele Brote habt ihr? Geht hin! Seht!« Und da sie (es) erkundet hatten, sagen sie:

»Fünf, und zwei Fische!«

Mt 14, 13–21 [Vgl 15, 32–39a]

13 Da aber Jesus (es) hörte, zog er sich zurück von dort in einem Boot an einen abgelegenen Ort, für sich. Und da die Scharen (es) hörten, folgten sie ihm zu Fuß von den Städten.

14 Und herausgekommen, sah er eine große Schar, und er bekam Mitleid mit ihnen

und heilte ihre Siechen.
15 Da es aber Abend geworden, traten herzu zu ihm die Jünger, sagten: »Abgelegen ist der Ort, und die Stunde ist schon vergangen. Entlasse die Scharen, damit sie fortgehen in die Dörfer, sich Speisen kaufen!«

16 Jesus aber sprach zu ihnen: »Sie haben nicht nötig fortzugehen. Gebt *ihr* ihnen zu essen!«

17 Sie aber sagen ihm:

»Wir haben hier nicht(s), außer fünf Brote und zwei Fische!«

18 Er aber sprach: »Bringt sie mir hierher!«

Lk 9, 10b–17

10b Und er nahm sie mit sich, zog sich zurück, für sich, in eine Stadt, gerufen Betsaida.
11 Die Scharen aber, die es merkten, folgten ihm.

Und er hieß sie willkommen,

redete zu ihnen über das Gottesreich und, die Heilung nötig hatten, machte er gesund.
12 Der Tag aber fing an, sich zu neigen. Es traten aber herzu die Zwölf (und) sprachen zu ihm:

»Entlasse die Schar, damit sie hinziehen in die Dörfer und Höfe ringsum, einkehren und Nahrung finden! Denn hier sind wir an abgelegenem Ort.«
13 Er aber sprach zu ihnen:

»Gebt *ihr* ihnen zu essen!«

Sie aber sprachen:

»Wir haben nicht mehr als fünf Brote und zwei Fische, es sei denn *wir* ziehen hin, kaufen für dieses ganze Volk Speisen!«
14 Es waren nämlich etwa fünftausend Männer.

---

[99] Vgl 2, 13; 11, 55; auch Lk 22, 1.   [100] Vgl Num 27, 17; 1 Kön 22, 17.   [101] Vgl 1, 40.   [102] Vgl 21, 9. 13.

10 Jesus sprach:
»Macht, daß die Menschen sich nieder-
lassen!«
Es war aber viel Gras an dem Ort.
Es ließen sich nun nieder die Männer,
an der Zahl etwa fünftausend.

11 Jesus nahm nun die Brote

und, (nachdem er) den Dank
gesprochen,
verteilte er sie
den Liegenden,
desgleichen auch von den Bratfischen,
soviel sie wollten.
12 Wie sie aber ganz gesättigt waren,
sagt er seinen Jüngern:
»Sammelt die übriggebliebenen
Brocken, damit nichts verdirbt!«
13 Sie sammelten nun
und füllten zwölf Körbe mit Brocken
von den fünf Gerstenbroten, die übrig-
geblieben waren bei (denen),
die gegessen hatten.

14 Da die Menschen nun sahen,
welches Zeichen er getan, sagten sie:
»Dieser ist wahrhaftig der Prophet,
der in die Welt kommt!«[103]
15 Da Jesus nun erkannte, daß sie
kommen und ihn festhalten wollen,
um ihn zum König zu machen,[104]
zog er sich wiederum zurück auf den
Berg, er allein.

---

39 Und er gebot ihnen,
sie sollten alle lagern lassen, Mahlgemeinschaft um Mahlgemeinschaft
auf dem grünen Gras.
40 Und sie ließen sich nieder Abteilung um Abteilung zu hundert und zu
fünfzig.
41 Und er nahm die fünf Brote
und die zwei Fische,
blickte auf zum Himmel,
sprach den Segen
und brach die Brote durch
und gab (sie) seinen Jüngern,
daß sie ihnen vorsetzten;
auch die zwei Fische teilte er allen.

42 Und alle aßen und wurden satt.

43 Und sie hoben Brocken auf,
zwölf Füllungen von Körben,
auch von den Fischen.

44 Und die gegessen hatten die Brote,
waren fünftausend Männer.

[Vgl 6, 46 b]

---

19 Und nachdem er befohlen den
Scharen, sich zu lagern

auf dem Gras,

nahm er die fünf Brote
und die zwei Fische,
blickte auf zum Himmel,
sprach den Segen
und, gebrochen,
gab er den Jüngern die Brote,
die Jünger aber den Scharen.

20 Und alle aßen und wurden satt.

Und sie hoben das Übrige von den
Brocken auf, zwölf Körbe voll.

21 Die Essenden aber waren etwa
fünftausend Männer, ohne Frauen und
Kinder.

[Vgl 14, 23 b; 15, 29]

Er aber sprach zu seinen Jüngern:
»Lagert sie
in Gruppen zu etwa fünfzig!«

15 Und sie machten (es) so und ließen
alle lagern.

16 Er nahm aber die fünf Brote
und die zwei Fische,
blickte auf zum Himmel,
segnete sie
und brach (sie) durch
und gab (sie) den Jüngern,
(sie) vorzusetzen der Schar.

17 Und sie aßen und wurden alle satt.

Und aufgehoben wurde das bei ihnen
Übriggebliebene, mit Brocken zwölf
Körbe.

[Vgl 7, 16]

[Vgl 6, 12]

---

[103] Vgl Dtn 18, 15. 18.   [104] Vgl 18, 36.

23. Jesu Erscheinung auf dem See

Joh 6, 16–21

16 Wie es aber Abend geworden war,
stiegen seine Jünger hinab zum Meer.
17 Und eingestiegen in ein Boot,
fuhren sie jenseits des Meers nach Kafarnaum.

[Vgl 6, 15]

Und Dunkelheit war schon entstanden,
und Jesus war noch nicht zu ihnen gekommen.

18 Das Meer aber war von einem großen Wind,
der blies, aufgewühlt. [105]
19 Gerudert nun etwa fünfundzwanzig oder dreißig
Stadien,

schauen sie Jesus auf dem Meer umhergehen
und dem Boot nahekommen;
und sie fürchteten sich.

20 Er aber sagt ihnen:
»Ich bin's! Fürchtet euch nicht!«

21 Sie wollten ihn nun in das Boot nehmen,
und sogleich befand sich das Boot am Land,
zu dem sie hinfahren wollten.

[Vgl Joh 6, 26 ff]

Mk 6, 45–52

45 Und gleich
nötigte er seine Jünger,
einzusteigen in das Boot
und vorauszufahren zur Gegenseite nach Betsaida,
während er selbst die Schar entlasse.
46 Und da er sie verabschiedet hatte,
ging er fort auf den Berg, um zu beten.
47 Da es aber Abend geworden, war das Boot inmit-
ten des Meeres, und er, er war allein auf dem Land.
48 Und da er sah, wie sie sich quälten beim Rudern,
– denn der Wind war ihnen entgegen –

kommt er um die vierte Nachtwache zu ihnen,
umhergehend auf dem Meer.
Und er wollte an ihnen vorübergehen. 49 Sie aber,
da sie ihn auf dem Meer umhergehen sahen,
meinten, es sei ein Gespenst,
und schrien auf.
50 Denn alle sahen ihn und erschraken.
Er aber redete gleich mit ihnen.
Und er sagt ihnen: »Faßt Mut!
Ich bin's! Fürchtet euch nicht!«

51 Und er stieg hinauf zu ihnen in das Boot,
und der Wind ließ ab.
[Vgl 6, 53]
Und sehr, über die Maßen waren sie außer sich.

52 Denn sie waren nicht verständig geworden
über den Broten, vielmehr war ihr Herz verhärtet.

Mt 14, 22–33

22 Und sogleich
nötigte er die Jünger,
einzusteigen in das Boot
und vorauszufahren vor ihm zur Gegenseite,
bis er die Scharen entlassen habe.
23 Und da er die Scharen entlassen hatte,
stieg er hinauf auf den Berg, um für sich zu beten.
Da es aber Abend geworden,
war er allein dort;

24 das Boot aber hatte sich schon viele
Stadien vom Land entfernt, gequält von den
Wellen; denn entgegen war der Wind.
25 Zur vierten Nachtwache aber kam er zu ihnen,
umhergehend über das Meer.
26 Die Jünger aber,
da sie ihn auf dem Meer umhergehen sahen,
erschraken, sagten: »Es ist ein Gespenst!«.
Und vor Furcht schrien sie.

27 Gleich aber redete Jesus zu ihnen,
sagt: »Faßt Mut!
Ich bin's! Fürchtet euch nicht!«
[Vgl V 28–31: Seewandel des Petrus]
32 Und da sie hinaufstiegen in das Boot,
ließ der Wind ab.
[Vgl 14, 34]
33 Die aber im Boot huldigten ihm, sagten:
»Wahrhaftig Gottes Sohn bist du!«

---

[105] *Vgl Mk 4,37a:* »Und es entsteht ein großer Sturmwind.«

Mt 8, 24 a: »Und siehe, ein großes Beben entstand im
Meer.«

Lk 8, 23 b: »Und herabstieg ein Sturmwind auf den
See.«

24. Die an das Brotwunder anknüpfende Offenbarungsrede Jesu in Kafarnaum

Joh 6, 22–59

22 Am folgenden Tag sah die Schar, die jenseits des Meeres stand, daß kein anderes Bötchen dort war außer einem, und (sie wußte), daß Jesus nicht zusammen mit seinen Jüngern in das Boot hineingestiegen war, sondern seine Jünger allein fortgegangen waren. 23 Andere Boote kamen aus Tiberias nahe an den Ort, wo sie das Brot gegessen hatten, nachdem der Herr den Dank gesprochen hatte. 24 Als nun die Schar sah, daß Jesus nicht dort ist noch seine Jünger, stiegen sie selbst in die Bötchen ein und kamen nach Kafarnaum, suchten Jesus. 25 Und da sie ihn jenseits des Meeres fanden, sprachen sie zu ihm: »Rabbi, wann bist du hier angelangt?«[106]

26 Jesus antwortete ihnen und sprach: »Amen, amen ich sage euch: Ihr sucht mich nicht, weil ihr Zeichen gesehen, sondern weil ihr von den Broten gegessen habt und satt geworden seid.[107] 27 Arbeitet nicht um die verderbliche Speise, sondern um die Speise, die bleibt ins ewige Leben,[108] die der Menschensohn euch geben wird. Denn diesen hat der Vater versiegelt, Gott!«

28 Sie sprachen nun zu ihm: »Was sollen wir tun, damit wir die Werke Gottes arbeiten?« 29 Jesus antwortete und sprach zu ihnen: »Dies ist das Werk Gottes, daß ihr an den glaubt, den jener gesandt hat!« 30 Sie sprachen nun zu ihm: »Was für ein Zeichen nun tust *du*, damit wir sehen und dir glauben?[109] Was arbeitest du? 31 Unsere Väter haben das Manna gegessen in der Wüste[110], wie geschrieben steht: BROT AUS DEM HIMMEL GAB ER IHNEN ZU ESSEN.«[111] 32 Es sprach nun zu ihnen Jesus: »Amen, amen, ich sage euch: Nicht Mose gab euch das Brot aus dem Himmel, sondern mein Vater gibt euch das wahre Brot aus dem Himmel. 33 Denn das Brot Gottes ist, der herabsteigt aus dem Himmel und Leben gibt der Welt.« 34 Sie sprachen nun zu ihm: »Herr, allezeit gib uns dieses Brot!«[112]

35 Es sprach zu ihnen Jesus: »Ich, ich bin das Brot des Lebens.[113] Wer zu mir kommt, wird nicht hungern, und wer an mich glaubt, wird nicht jemals dürsten.[114] 36 Doch ich sprach zu euch: ›Ihr habt mich gesehen und glaubt nicht!‹[115] 37 Alles, was mir der Vater gibt,[116] wird zu mir kommen, und den, der zu mir kommt, werde ich nicht hinauswerfen nach draußen, 38 weil ich herabgestiegen bin vom Himmel, nicht, damit ich meinen Willen tue, sondern den Willen dessen, der mich geschickt hat.[117] 39 Dies aber ist der Wille dessen, der mich geschickt hat, daß ich von allem, was er mir gegeben hat, nichts verderben, sondern es auferwecken werde am letzten Tag. 40 Denn dies ist der Wille meines Vaters, daß jeder, der den Sohn schaut und an ihn glaubt, ewiges Leben hat und *ich* ihn auferwecken werde am letzten Tag.«[118]

41 Es murrten nun die Juden über ihn, weil er sprach: »Ich, ich bin das Brot, das aus dem Himmel herabgestiegen ist«; 42 und sie sagten: »Ist dieser nicht Jesus, der Sohn Josefs, von dem *wir* den Vater und die Mutter kennen?[119] Wieso sagt er jetzt: ›Aus dem Himmel bin ich herabgestiegen?‹«

43 Jesus antwortete und sprach zu ihnen: »Murrt nicht miteinander! 44 Niemand kann zu mir kommen, wenn nicht der Vater, der mich geschickt hat, ihn zieht[120]; und *ich* werde ihn auferwecken am letzten Tag. 45 Es steht geschrieben bei den Propheten: ES WERDEN ALLE BELEHRTE GOTTES SEIN![121] Jeder, der vom Vater gehört und gelernt hat, kommt zu mir. 46 Nicht, daß jemand den Vater gesehen hätte; nur der, der von Gott her ist, dieser hat den Vater gesehen.[122] 47 Amen, amen, ich sage euch: Wer glaubt, hat ewiges Leben.[123] 48 Ich, ich bin das Brot des Lebens. 49 Eure Väter aßen in der Wüste das Manna und starben. 50 Dieses ist das Brot, das aus dem Himmel herabsteigt, damit einer von ihm ißt und nicht stirbt. 51 Ich, ich bin das Brot, das lebendige, das aus dem Himmel herabgestiegen ist. Wenn einer von diesem Brot ißt, wird er leben in Ewigkeit. Und das Brot, das *ich* geben werde, ist mein Fleisch für das Leben der Welt.«[124]

52 Es stritten nun die Juden miteinander, sagten: »Wie kann uns dieser sein Fleisch zu essen geben?« 53 Es sprach nun zu ihnen Jesus: »Amen, amen, ich sage euch: Wenn ihr nicht das Fleisch des Menschensohnes eßt und sein Blut trinkt, habt ihr nicht Leben in euch. 54 Wer mein Fleisch verzehrt und mein Blut trinkt, hat ewiges Leben, und *ich* werde ihn auferwecken am letzten Tag.[125] 55 Denn mein Fleisch ist eine wirkliche Speise, und mein Blut ist ein wirklicher Trank. 56 Wer mein Fleisch verzehrt und mein Blut trinkt, bleibt in mir und ich in ihm.[126] 57 Wie mich gesandt hat der lebendige Vater und ich durch den Vater lebe, wird auch jener, der mich verzehrt, durch mich leben. 58 Dieses ist das Brot, das aus dem Himmel herabgestiegen ist, nicht wie eure Väter (es) aßen und starben. Wer dieses Brot verzehrt, wird leben in Ewigkeit.«

59 Dies sprach er, da er in der Synagoge in Kafarnaum lehrte.[127]

---

[106] Vgl 6, 21.
[107] Vgl 6, 11 f.
[108] Vgl 4, 14; 6, 50. 51. 54. 58.
[109] Vgl 2, 18; Mk 15, 32.
[110] Vgl Ex 16, 15; Num 11, 7–9.
[111] Ps 78, 24.
[112] Vgl 4, 15; auch Mt 6, 11; Lk 11, 3.
[113] Vgl 6, 48. 51. 58.
[114] Vgl 4, 14.
[115] Vgl 20, 29.
[116] Vgl 17, 2. 7, 24.

[117] Vgl 4, 34; 5, 30; auch Mk 14, 36 parr.
[118] Vgl 6, 44. 54; 11, 24.
[119] Vgl Mk 6, 3: »Ist dieser nicht der Zimmermann, der Sohn der Maria? Und ein Bruder (des) Jakobus und Joses und Juda und Simon? Und sind nicht seine Schwestern hier bei uns?« Und sie nahmen Anstoß an ihm.« Mt 13, 55–57: »Ist dieser nicht der Sohn des Zimmermanns? Heißt seine Mutter nicht Maria? Und seine Brüder: Jakobus und Josef und Simon und Judas? 56 Und seine Schwestern, sind sie nicht alle bei uns‹ ... 57 Und sie nahmen Anstoß an ihm.«; Lk 4, 22 b: »Ist dieser nicht ein Sohn Josefs?«
[120] Vgl 6, 65.
[121] Jes 54, 13.
[122] Vgl 1, 18; 5, 37.
[123] Vgl 3, 15. 16. 36.
[124] Vgl 6, 33. 58.
[125] Vgl Anm. 118.
[126] Vgl 15, 5; 1 Joh 3, 24.
[127] Vgl Mk 1, 21 f parr.

25. Unterschiedliche Reaktionen auf die Offenbarungsrede Jesu

Joh 6, 60–71	Mk 14, 38; 8, 29; 3, 16. 19	Mt 16, 23; 26, 41; 16, 15. 16; 10, 2. 4	Lk 9, 20; 6, 13 b. 16
60 Viele nun aus seinen Jüngern, die (es) gehört hatten, sprachen: »Hart ist dieses Wort! Wer kann es hören?«	[Vgl Mk 8, 32]	[Vgl Mt 16, 22]	
61 Jesus aber wußte bei sich, daß seine Jünger darüber murrten, sprach zu ihnen: »Dies gibt euch Anstoß?	[Vgl Mk 2, 8] [Vgl Mk 14, 27 par Mt]	[Vgl Mt 9, 4] 16,23 »Ein Anstoß bist du für mich«	[Vgl Lk 5, 22]
62 Wenn ihr nun schaut den Menschensohn dorthin hinaufsteigen, wo er früher war?			
63 Der Geist ist es, der lebendig macht,[128] das Fleisch nützt nichts! Die Sprüche, die ich zu euch geredet habe, sind Geist und Leben.	14,38 »Der Geist zwar ist willig, das Fleisch aber schwach.«	26,41 »Der Geist zwar ist willig, das Fleisch aber schwach.«	
64 Aber es sind einige aus euch, die nicht glauben.« Jesus nämlich wußte von Anfang an, wer die sind, die nicht glauben, und wer der ist, der ihn ausliefern wird.[129]	[Vgl Mk 14, 17–21] [Vgl Mk 3, 19]	[Vgl Mt 26, 20–25] [Vgl Mt 10, 4]	[Vgl Lk 22, 21–23] [Vgl Lk 6, 16]
65 Und er sagte: »Deshalb habe ich euch gesagt, daß niemand zu mir kommen kann, wenn es ihm nicht gegeben ist vom Vater.«[130]			
66 Seitdem nun gingen viele seiner Jünger fort in das zurückliegende (Leben) und gingen nicht mehr mit ihm umher. 67 Es sprach nun Jesus zu den Zwölfen: »Wollt nicht auch ihr hingehen?«	8, 29 Und er, er fragte sie: »Ihr aber, wer, sagt ihr, daß ich sei?«	16, 15 Er sagt ihnen: »Ihr aber, wer, sagt ihr, daß ich sei?«	9,20 Er aber sprach zu ihnen: »Ihr aber, wer, sagt ihr, daß ich sei!«
68 Es antwortete ihm Simon Petrus: »Herr, zu wem sollen wir fortgehen? Sprüche ewigen Lebens hast du![131]	Petrus antwortete, sagt ihm:	16 Simon Petrus aber antwortete, sprach:	Petrus aber antwortete, sprach:
69 Und wir haben geglaubt und erkannt: Du bist der Heilige Gottes!«[132]	»Du bist der Christus!«	»Du bist der Christus, der Sohn des lebendigen Gottes!«	»Der Christus Gottes!«
70 Es antwortete ihnen Jesus: »Habe nicht ich euch, die Zwölf, erwählt? Und aus euch ist einer ein Teufel!«	3, 16 Und er schuf die Zwölf …	10,2 Die Namen aber der zwölf Apostel sind diese:	6, 13 b Und er wählte aus von ihnen zwölf, die er auch Apostel nannte:
71 Er meinte aber den Judas, (den des) Simon Iskariot, – dieser nämlich sollte ihn ausliefern, einer aus den Zwölf.[133]	19 und Judas Iskariot, der ihn auch ausgeliefert hat.	4 und Judas, der Iskariot, der ihn auch auslieferte.	16 und Judas Iskariot, der (sein) Auslieferer wurde.

---

[128] Vgl 2 Kor 3, 6.
[129] Vgl 13,11.

[130] Vgl 6, 44.
[131] Vgl 6, 63.

[132] Vgl Mk 1, 24; Lk 4,34.
[133] Vgl 12, 4.

26. Vom Unglauben der Brüder Jesu – Jesus bleibt in Galiläa

Joh 7, 1–9

1 Und danach ging Jesus in Galiläa umher, er wollte nämlich nicht in Judäa umhergehen, weil ihn die Juden zu töten suchten.[134]
2 Es war aber nahe das Fest der Juden, das Laubhütten(fest).
3 Es sprachen nun zu ihm seine Brüder: »Zieh weg von hier und geh hin nach Judäa, damit auch deine Jünger deine Werke schauen, die du tust! 4 Denn niemand tut etwas im Verborgenen und sucht selbst in der Öffentlichkeit zu sein. Wenn du dies tust, offenbare dich selbst der Welt!«
5 Denn auch seine Brüder glaubten nicht an ihn.
6 Es sagt nun ihnen Jesus: »Meine Frist ist noch nicht da![135] Eure Frist aber ist allezeit bereit!
7 Die Welt kann euch nicht hassen, mich aber haßt sie,[136] weil ich bezeuge über sie, daß ihre Werke böse sind.[137] 8 Ihr, steigt ihr hinauf zum Fest! Ich, ich steige nicht hinauf zu diesem Fest, weil meine Frist noch nicht erfüllt ist.«
9 Da er aber dies gesprochen, blieb er selbst in Galiläa.

Joh 4, 3; 11, 55a; Mk 3, 21

3 Er verließ Judäa und ging wiederum fort nach Galiläa.

11, 55 Es war aber nahe das Pascha der Juden.

3, 21 Und da (es) die Seinigen hörten, gingen sie aus, ihn zu ergreifen; sie sagten nämlich: »Er ist außer sich!«

Joh 4, 43; 5, 18

43 Nach zwei Tagen aber ging er von dort hinaus nach Galiläa.

5, 18 Deshalb nun suchten die Juden noch mehr, ihn zu töten ...

27. Reise im Verborgenen zum Laubhüttenfest nach Jerusalem

Joh 7, 10–13

10 Wie aber seine Brüder hinaufgestiegen waren zum Fest, dann stieg auch er selbst hinauf, nicht offen, sondern im Verborgenen.
11 Die Juden nun suchten ihn in der Festmenge und sagten: »Wo ist jener?«

12 Und viel Gemurmel war über ihn unter den Scharen; die zwar sagten: »Gut ist er!«, andere aber sagten: »Nein! Vielmehr, er führt die Schar irre!«
13 Niemand freilich redete frei heraus über ihn wegen der Furcht vor den Juden.[138]

Joh 11, 55b–56

55 b Und es stiegen viele hinauf nach Jerusalem aus dem Land vor dem Pascha, um sich zu heiligen.

56 Sie suchten nun Jesus und sagten miteinander, da sie im Tempel standen: »Was meint ihr? Wird er etwa nicht zum Fest kommen?«

---

[134] *Vgl 7, 19. 25; 8, 37. 40.*
[135] *Vgl 2, 14; 7, 30; 8, 20.*
[136] *Vgl 15, 18.*
[137] *Vgl 3, 19.*
[138] *Vgl 9, 22; 19, 38; 20, 19.*

28. Auseinandersetzungen beim Laubhüttenfest in Jerusalem

Joh 7, 14–31

Mk 6, 2 b; 3, 22. 4 b; Joh 7, 12 f;
Mk 11, 18

Mt 13, 54 b; Mk 3, 30; Mt 12, 12 b;
Joh 7, 40–43

Lk 4, 22; 6, 9 b; Joh 7, 47–49; Lk 19, 47 f

14 Da aber das Fest schon in der Mitte war, stieg Jesus hinauf in den Tempel und lehrte.
15 Es staunten nun die Juden, sagten: »Wie kennt dieser (die) Schriften, ohne Schüler gewesen zu sein?«

2 b Und alle Hörenden gerieten außer sich, sagten: »Woher hat er dies?« Und: »Welche Weisheit, die diesem gegeben ist!«

54 b so daß sie außer sich gerieten und sagten: »Woher hat dieser diese Weisheit?«

22 Und alle bezeugten ihm (das Wort) und staunten über die begnadeten Worte, die hervorkamen aus seinem Mund [139] ...

16 Jesus nun antwortete ihnen und sprach: »Meine Lehre ist nicht meine, sondern dessen, der mich geschickt hat. [140]
17 Wenn einer seinen Willen tun will, wird er über die Lehre erfahren, ob sie aus Gott ist oder ob *ich* von mir aus rede. 18 Wer von sich aus redet, sucht seine eigene Herrlichkeit. Wer aber die Herrlichkeit dessen sucht, der ihn geschickt hat, dieser ist zuverlässig, und Ungerechtigkeit ist bei ihm nicht. [141] 19 Hat nicht Mose euch das Gesetz gegeben [142]? Und niemand aus euch tut das Gesetz! Was sucht ihr mich zu töten?« [143]
20 Es antwortete die Schar: »Du hast einen Dämon!« [144] Wer sucht dich zu töten?«

3, 22 Und die Schriftgelehrten, die von Jerusalem herabstiegen, sagten: »Er hat Beelzebul!«

3, 30 Weil sie sagten: »Einen unreinen Geist hat er!«

21 Jesus antwortete und sprach zu ihnen: »Ein einziges Werk habe ich getan, und ihr alle staunt [145]
22 deswegen. Mose hat euch die Beschneidung gegeben – nicht, daß sie von Mose war, vielmehr von den Vätern – [146], und am Sabbat beschneidet ihr einen Menschen. 23 Wenn ein Mensch (die) Beschneidung empfängt am Sabbat, damit das Gesetz des Mose nicht aufgelöst wird, grollt ihr mir, weil ich einen ganzen Menschen gesund gemacht habe am Sabbat? [147]
24 Richtet nicht nach dem Augenschein, [148] sondern richtet das gerechte Gericht!« [149]

4 b »Ist es erlaubt am Sabbat, Gutes zu tun oder Böses zu tun, jemanden zu retten oder zu töten?«

12, 2 b »Daher ist es erlaubt, am Sabbat Gutes zu tun!«

6, 9 b »Ich frage euch, ob es erlaubt ist, am Sabbat Gutes zu tun oder Böses zu tun, jemanden zu retten oder zu vernichten?«

---

[139] *Vgl auch Lk 2, 47.*
[140] *Vgl 12, 49; 14, 10.*
[141] *Vgl 8, 50.*
[142] *Vgl 1, 17.*

[143] *Vgl 5, 18; 7, 1. 25; 8, 37. 40.*
[144] *Vgl 8, 48. 52; 10, 20.*
[145] *Vgl 5, 16.*
[146] *Vgl Gen 17, 10–13.*

[147] *Vgl 5, 8–9. 16.*
[148] *Vgl Jes 11, 13; Joh 8, 15.*
[149] *Vgl Lev 19, 15; Jes 11, 4.*

25 Es sagten nun einige aus den Jerusalemern: »Ist es nicht dieser, den sie zu töten suchen?[148] 26 Und sieh, frei heraus redet er, und nichts sagen sie ihm! Sollten wahrhaftig die Vorsteher erkannt haben, daß dieser der Christus ist? 27 Aber diesen kennen wir, woher er ist.[149] Der Christus aber, wenn er kommt, niemand erkennt, woher er ist!«

28 Es schrie nun Jesus, da er im Tempel lehrte und sagte: »Auch mich kennt ihr und wißt, woher ich bin! Und von mir aus bin ich nicht gekommen, vielmehr ist ein Wahrhafter, der mich geschickt hat, den *ihr* nicht kennt. 29 Ich, ich kenne ihn, weil ich von ihm her bin und jener mich gesandt hat.«[150]

30 Sie suchten nun, ihn gefangenzunehmen; und niemand legte Hand an ihn, weil noch nicht gekommen war seine Stunde.

31 Aus der Schar aber glaubten viele an ihn;[151] und sie sagten: »Wird der Christus, wenn er kommt, etwa mehr Zeichen tun, als dieser getan hat?«

---

12 *Und viel Gemurmel war über ihn unter den Scharen; die zwar sagten:* »Gut ist er!«, *andere aber sagten:* »Nein! Vielmehr, er führt die Schar irre!« 13 *Niemand freilich redete frei heraus über ihn wegen der Furcht vor den Juden.*

[Vgl Mk 12, 35]

18 Und (das) hörten die Hohenpriester und die Schriftgelehrten und suchten, wie sie ihn vernichten könnten. Denn sie fürchteten ihn. Denn die ganze Schar war außer sich geraten über seine Lehre.

---

40 *Aus der Schar nun sagten Hörer dieser Worte:* »Dieser ist wahrhaftig der Prophet!« 41 *Andere sagten:* »Dieser ist der Christus!« *Die aber sagten:* »Kommt denn der Christus etwa aus Galiläa? 42 Sprach nicht die Schrift, daß der Christus aus dem Samen Davids und von Betlehem, dem Dorf, wo David war, kommt?« 43 Eine Spaltung nun entstand in der Schar seinetwegen.

---

46 *Es antworteten die Diener zu den Hohenpriestern und Pharisäern:* »Noch nie hat ein Mensch so geredet!«
47 *Es antworteten nun ihnen die Pharisäer:* »Habt etwa auch ihr euch irreführen lassen? 48 Hat etwa einer von den Vorstehern oder von den Pharisäern an ihn geglaubt? 49 Aber diese Schar, die das Gesetz nicht erkennt –, verflucht sind sie!«

47 Und er lehrte täglich im Tempel.

Die Hohenpriester aber und die Schriftgelehrten suchten, ihn zu vernichten, auch die Ersten des Volkes. 48 Und sie fanden nicht, was sie tun könnten. Denn all das Volk hing an ihm hörend.

---

[148] *Vgl 5, 18; 7, 1. 19; 8, 37. 40.*   [149] *Vgl 9, 29.*   [150] *Vgl 8, 55; 17, 25.*   [151] *Vgl 2, 23; 8, 30; 10, 42; 11, 45; 12, 11. 42.*

29. Weitere Auseinandersetzungen – Versuch einer Gefangennahme Jesu

Joh 7, 32–52 | *Mk 12, 13; 6, 15; 12, 12; (Joh 1, 46)* | *Mt 22, 15–16; 21, 46* | *Lk 20, 20; 9, 8; 20, 19*

32 Es hörten die Pharisäer (es), da die Schar über ihn dies murmelte. Und es sandten die Hohenpriester und die Pharisäer Diener, damit sie ihn gefangennähmen.

13 Und sie senden zu ihm einige der Pharisäer und der Herodianer, damit sie ihn einfingen mit einem Wort.

15 Dann zogen die Pharisäer hin, faßten (den) Beschluß, ihn mit einem Wort zu fangen. 16 Und sie senden ihm ihre Jünger mit den Herodianern …

20 Und (ihn) beobachtend sandten sie Aufpasser, die heuchelten, sie seien gerecht, damit sie ihn bei einem Wort packten, so daß sie ihn ausliefern (könnten) der Herrschaft und Macht des Statthalters.

33 Es sprach nun Jesus: »Noch kurze Zeit bin ich bei euch, und ich gehe hin zu dem, der mich geschickt hat.[152] 34 Ihr werdet mich suchen und mich nicht finden, und wo *ich* bin, könnt *ihr* nicht (hin)kommen.«[153] 35 Es sprachen nun die Juden zueinander: »Wohin will dieser ziehen, daß *wir* ihn nicht finden werden? Will er etwa in die Diaspora der Griechen ziehen und die Griechen lehren? 36 Was bedeutet dieses Wort, das er sprach: ›Ihr werdet mich suchen und mich nicht finden, und wo *ich* bin, könnt *ihr* nicht (hin)kommen‹?«

37 Am letzten Tag aber, dem großen (Tag) des Festes, stand Jesus (da) und schrie, sagte: »Wenn einer dürstet, komme er zu mir; und es trinke, 38 wer an mich glaubt.[154] Wie die Schrift sprach: STRÖME LEBENDIGEN WASSERS WERDEN AUS SEINEM INNERN FLIESSEN.«[155] 39 Dies aber sprach Jesus über den Geist, den empfangen sollten, die an ihn glaubten. Denn noch war der Geist nicht (da), weil Jesus noch nicht verherrlicht war.[156]

40 Aus der Schar nun sagten Hörer dieser Worte: »Dieser ist wahrhaftig der Prophet!«[157] 41 Andere sagten: »Dieser ist der Christus!«[158] Die aber sagten: »Kommt denn der Christus etwa aus Galiläa?[159] 42 Sprach nicht die Schrift, daß der Christus aus dem Samen Davids und von Betlehem, dem Dorf, wo David war, kommt?«[160] 43 Eine Spaltung nun entstand in der Schar seinetwegen.[161] 44 Einige aber aus ihnen wollten ihn gefangennehmen, aber niemand legte Hand an ihn.[162]

6,15 Andere aber sagten: »Ein Prophet wie einer der Propheten!«

[Vgl Mk 8, 29]
1,46 Und es sprach zu ihm Natanael: »Aus Nazaret – kann (da) etwas Gutes sein?«

12 Und sie suchten, ihn zu ergreifen; doch sie fürchteten die Schar.

[Vgl Mk 8, 28; Mt 16, 14; Lk 9, 19]

[Vgl Mt 16, 16]

[Vgl Mt 2, 4–6]

46 Und da sie ihn zu ergreifen suchten, fürchteten sie die Scharen, weil sie ihn für einen Propheten hielten.

9,8 Von anderen aber: »Irgendein Prophet von den alten ist auferstanden!«

[Vgl Lk 9, 20]

19 Und es suchten die Schriftgelehrten und die Hohenpriester an ihn Hand anzulegen, doch sie fürchteten das Volk.

45 Es kamen nun die Diener zu den Hohenpriestern und Pharisäern; und es sprachen zu ihnen jene: »Weshalb habt ihr ihn nicht (her)geführt?« 46 Es antworteten die Diener: »Noch nie hat ein Mensch so geredet!« 47 Es antworteten nun ihnen die Pharisäer: »Habt etwa auch *ihr* euch irreführen lassen? 48 Hat etwa einer aus den Vorstehern oder aus den Pharisäern an ihn geglaubt?[163] 49 Aber diese Schar, die das Gesetz nicht erkennt –, verflucht sind sie!«

50 Es sagt Nikodemus zu ihnen, der früher zu ihm kam,[164] der einer aus ihnen ist: 51 »Richtet etwa unser Gesetz den Menschen, wenn man nicht zuerst ihn verhört und erkannt hat, was er tut?«[165] 52 Sie antworteten und sprachen zu ihm: »Bist etwa auch *du* aus Galiläa? Forsche nach und sieh, daß aus Galiläa (der) Prophet nicht erweckt wird!«

---

[152] *Vgl 13, 33; 16, 5.*
[153] *Vgl 8, 21; 13, 33. 36; 17, 24.*
[154] *Vgl 4, 10. 14.*
[155] *Koh 18, 4; Jes 58, 11.*
[156] *Vgl 16, 7; 20, 22.*

[157] *Vgl 6, 14.*
[158] *Vgl 4, 29; 7, 26.*
[159] *Vgl V 52.*
[160] *Vgl 2 Sam 7, 12; Ps 89, 3–4; Mich 5, 2.*
[161] *Vgl 9, 16; 10, 19.*

[162] *Vgl 7, 30.*
[163] *Vgl 12, 42.*
[164] *Vgl 3, 17; 19, 30.*
[165] *Vgl Dtn 1, 16.*

30. Jesus und die Ehebrecherin

Joh 7, 53–8, 11*	Mk 11, 19. 11b; 3, 2	Mt 21, 17; 5, 27–28; 12, 10	Lk 21, 37–38; 6, 7
53 Und sie zogen hin, ein jeder in sein Haus.	19 Und (jedesmal), als es spät wurde, zogen sie hinaus, außerhalb der Stadt.	17 Und er verließ sie, ging hinaus, außerhalb der Stadt, nach Betanien. Und er übernachtete dort. [166]	37 Er lehrte aber die Tage über im Tempel, die Nächte aber hinausgehend übernachtete er am (so) gerufenen Ölberg. 38 Und das ganze Volk machte sich früh auf zu ihm, im Tempel auf ihn zu hören. [167]
8, 1 Jesus aber zog zum Ölberg hin. 2 Frühmorgens aber wiederum trat er im Tempel auf, und das ganze Volk kam zu ihm; und er setzte sich, lehrte sie.	11b Und nachdem er ringsum alles angeschaut – es war schon späte Stunde –, ging er hinaus nach Betanien mit den Zwölfen. [165]		
3 Es führen aber die Schriftgelehrten und die Pharisäer eine Frau (herbei), die beim Ehebruch überwältigt war. Und sie stellten sie in die Mitte, 4 sagen ihm: »Lehrer, diese Frau wurde überwältigt bei frischer Tat ehebrechend.			6, 7 Es beobachteten ihn aber die Schriftgelehrten und die Pharisäer

[Vgl Lk 5, 19] |
5 In unserem Gesetz aber hat uns Mose geboten, solche zu steinigen. [168] Du nun, was sagst du?«	*[Vgl Mk 10, 3 f par Mt 19, 7 f]*	5, 27 »Ihr habt gehört, daß gesprochen wurde: DU SOLLST NICHT EHEBRECHEN. 28 Ich aber, ich sage euch …	
6 Dies aber sagten sie, ihn prüfend, damit sie (etwas) hätten, ihn zu verklagen. Jesus aber bückte sich nieder, schrieb mit dem Finger auf die Erde.	3,2 Und sie beobachteten ihn, ob er ihn am Sabbat heilen werde, damit sie ihn verklagen könnten. [169]	12, 10 Und sie fragten ihn, sagten: »Ist es erlaubt, am Sabbat zu heilen?«, damit sie ihn verklagen könnten. [170]	ob er am Sabbat heile, damit sie (etwas) fänden, ihn zu verklagen. [171]
7 Wie sie aber anhielten, ihn zu fragen, richtete er sich auf und sprach zu ihnen: »Der Sündelose von euch werfe als erster auf sie einen Stein!« 8 Und wiederum bückte er sich, schrieb auf die Erde.			
9 Die aber, da sie (es) gehört, gingen hinaus, einer nach dem anderen, [172] angefangen von den Ältesten. Und er blieb allein zurück, und die Frau, die in der Mitte war.			
10 Jesus aber richtete sich auf, sprach zu ihr: »Frau, wo sind sie? Niemand hat dich verurteilt?«			*[Vgl Lk 7, 48–5 a]*
11 Sie aber sprach: »Niemand, Herr!« Es sprach aber Jesus: »Auch *ich* verurteile dich nicht. Zieh hin, von jetzt an sündige nicht mehr!« [173]			

---

* Die Perikope ist nachträglich (an verschiedenen) Stellen ins Joh-Ev eingefügt worden.
[165] Vgl Mk 13, 3.
[166] Vgl Mt 24, 3; 26, 55.
[167] Vgl Lk 19, 47; 20, 1.
[168] Vgl Dtn 17, 7.
[169] Vgl Mk 12, 13.
[170] Vgl Mt 22, 15.
[171] Vgl Lk 20, 20.
[172] Vgl Mk 12, 17 parr.
[173] Vgl 5, 14.

31. Jesu Rede in der Schatzkammer

Joh 8, 12–20	*Mk 12, 41 (Joh 7, 30)*	*Mt 5, 14; 18, 16; 11, 27; (Joh 7, 44)*	*Lk 10, 22; 21, 1 (Joh 10, 39)*
12 Wiederum nun redete Jesus zu ihnen, sagte: »*Ich* bin das Licht der Welt.[174] Wer mir nachfolgt, wird nicht umhergehen in der Finsternis, vielmehr wird er haben das Licht des Lebens.« 13 Es sprachen nun zu ihm die Pharisäer: »*Du* zeugst über dich selbst. Dein Zeugnis ist nicht zuverlässig!«[175] 14 Jesus antwortete und sprach zu ihnen: »Auch wenn ich über mich selbst zeuge, ist mein Zeugnis zuverlässig, weil ich weiß, woher ich kam und wohin ich hingehe.[176] Ihr aber, ihr wißt nicht, woher ich komme oder wohin ich hingehe. 15 *Ihr* richtet nach dem Fleisch,[177] *ich* richte niemanden.[178] 16 Und wenn aber *ich* richte, ist mein Richtspruch wahr,[179] weil ich nicht allein bin, vielmehr: ich und der Vater, der mich geschickt hat. 17 Auch in eurem Gesetz aber steht geschrieben, daß zweier Menschen Zeugnis zuverlässig ist.[180] 18 *Ich* bin's, der über mich zeugt, und es zeugt über mich der Vater, der mich geschickt hat.« 19 Sie sagten nun ihm: »Wo ist dein Vater?« Jesus antwortete: »Weder mich kennt ihr noch meinen Vater![181] Würdet ihr mich kennen, würdet ihr auch meinen Vater kennen.«[182]		14 »*Ihr* seid das Licht der Welt. Nicht kann eine Stadt verborgen bleiben, die droben auf einem Berg liegt.«	
		18, 16 »... nimm dir noch einen oder zwei, damit aus (dem) Munde zweier Zeugen oder dreier jede Sache festgestellt werde!«	
		11, 27 »Alles ist mir übergeben von meinem Vater, und niemand erkennt den Sohn, außer dem Vater, auch den Vater erkennt keiner, außer dem Sohn, und wem immer der Sohn (es) enthüllen will.«	22 »Alles ist mir übergeben von meinem Vater, und niemand kennt, wer der Sohn ist, außer dem Vater, und wer der Vater ist, außer dem Sohn, und wem immer der Sohn (es) enthüllen will.«
20 Diese Sprüche redete er in der Schatzkammer, da er im Tempel lehrte. Und niemand nahm ihn gefangen, weil noch nicht gekommen war seine Stunde.	41 Und er setzte sich gegenüber der Schatzkammer ... *[Vgl 12, 35]* *Joh 7, 30 Sie suchten also, ihn gefangenzunehmen; und niemand legte Hand an ihn, weil noch nicht gekommen war seine Stunde.*	*Joh 7, 44 Einige aber von ihnen wollten ihn gefangennehmen; aber niemand legte Hand an ihn.*	*21, 1 Aufblickend aber sah er die in die Schatzkammer ...* *Joh 10, 39 Sie suchten nun wiederum, ihn gefangenzunehmen. Und er entkam ihrer Hand.*

---

[174] *Vgl 1, 4; 5, 9; 9, 5; 12, 46.*
[175] *Vgl 5, 31.*
[176] *Vgl 13, 3; 16, 28.*

[177] *Vgl 7, 24.*
[178] *Vgl 12, 47.*
[179] *Vgl 5, 30.*

[180] *Vgl Dtn 17, 6; 19, 15.*
[181] *Vgl 16, 3.*
[182] *Vgl 14, 7.*

32. Weitere Diskussion mit den Juden

Joh 8, 21–30

21 Er sprach nun wiederum zu ihnen: »Ich, ich gehe hin, und ihr werdet mich suchen; und ihr werdet in eurer Sünde sterben. Wohin *ich* hingehe, könnt *ihr* nicht kommen!«[183] 22 Es sagten nun die Juden: »Will er sich etwa selbst töten, weil er sagt: ›Wohin *ich* hingehe, könnt *ihr* nicht kommen‹?«[184] 23 Und er sagte ihnen: »Ihr, ihr seid aus den (Bereichen) unten, ich, ich bin aus den (Bereichen) oben. Ihr, ihr seid aus dieser Welt, ich, ich bin nicht aus dieser Welt![185] 24 Ich sprach nun zu euch, daß ihr sterben werdet in euren Sünden. Denn wenn ihr nicht glaubt,[186] daß ›Ich (es) bin‹, werdet ihr sterben in euren Sünden.« 25 Sie sagten nun zu ihm: »Du, wer bist du?« Es sprach zu ihnen Jesus: »Überhaupt, was rede ich noch zu euch? 26 Vieles habe ich über euch zu reden und zu richten. Aber, der mich geschickt hat, ist zuverlässig,[187] und ich, was ich von ihm gehört habe, dieses rede ich in die Welt.«[188] 27 Sie erkannten nicht, daß er den Vater ihnen sagte. 28 Es sprach nun zu ihnen Jesus: »Wenn ihr erhöht haben werdet den Menschensohn,[190] dann werdet ihr erkennen, daß ›Ich (es) bin‹ und von mir selbst aus nichts tue, vielmehr, wie mich der Vater gelehrt hat, dies rede.[191] 29 Und der mich geschickt hat, ist mit mir. Er ließ mich nicht allein,[192] weil *ich* das ihm Gefällige tue allezeit!« 30 Da er dies redete, glaubten viele an ihn.[193]

33. Jesu Diskussion mit den Juden, die ihm geglaubt hatten

Joh 8, 31–59

31 Jesus sagte nun zu den Juden, die ihm geglaubt hatten: »Wenn *ihr* bleibt in meinem Wort, seid ihr wahrhaftig meine Jünger.[194] 32 Und ihr werdet die Wahrheit erkennen, und die Wahrheit wird euch frei machen!« 33 Sie antworteten gegen ihn: »Same Abrahams sind wir,[195] und niemandem waren wir versklavt jemals. Wieso sagst *du*: ›Ihr werdet Freie werden‹?« 34 Es antwortete ihnen Jesus: »Amen, amen, ich sage euch: Jeder, der die Sünde tut, ist Sklave der Sünde. 35 Der Sklave aber bleibt nicht im Haus auf ewig. Der Sohn bleibt auf ewig. 36 Wenn nun der Sohn euch freimachen wird, werdet ihr wirklich Freie sein. 37 Ich weiß, daß ihr Same Abrahams seid. Aber ihr sucht, mich zu töten,[196] weil mein Wort nicht Platz hat in euch. 38 Was *ich* gesehen habe beim Vater, rede ich. Auch ihr nun, ihr tut, was ihr vom Vater gehört habt!« 39 Sie antworteten und sprachen zu ihm: »Unser Vater ist Abraham!« Es sagt ihnen Jesus: »Wenn ihr Kinder Abrahams wäret, würdet ihr die Werke Abrahams tun. 40 Jetzt aber sucht ihr, mich zu töten, einen Menschen, der die Wahrheit zu euch geredet hat, die ich gehört habe von Gott. Dies hat Abraham nicht getan. 41 Ihr, ihr tut die Werke eures Vaters!« Sie sprachen nun zu ihm: »Wir, wir stammen nicht aus Ehebruch. Einen einzigen Vater haben wir: Gott!«[197] 42 Es sprach zu ihnen Jesus: »Wenn Gott euer Vater wäre, würdet ihr mich lieben; denn ich, ich bin aus Gott ausgegangen[198] und gekommen. Denn ich bin nicht von mir selbst aus gekommen, sondern jener hat mich gesandt.[199] 43 Warum erkennt ihr meine Rede nicht? Weil ihr nicht hören könnt mein Wort! 44 Ihr, ihr stammt vom Vater, dem Teufel, und wollt die Begierde eures Vaters tun. Jener war Menschenmörder von Anfang an und in der Wahrheit steht er nicht, weil Wahrheit nicht in ihm ist. Wenn er die Lüge redet, redet er aus dem Eigenen, weil er Lügner ist und ihr Vater.

45 Ich aber, weil ich die Wahrheit sage, glaubt ihr mir nicht. 46 Wer aus euch überführt mich betreffs Sünde? Wenn ich Wahrheit sage, warum glaubt *ihr* mir nicht? 47 Wer aus Gott ist, hört die Gottessprüche.[200] Deshalb hört ihr nicht, weil *ihr* nicht aus Gott seid!« 48 Die Juden antworteten und sprachen zu ihm: »Sagen *wir* nicht trefflich, daß *du* ein Samariter bist und einen Dämon hast?«[201] 49 Jesus antwortete: »Ich, ich habe keinen Dämon, sondern ehre meinen Vater, und ihr, ihr entehrt mich. 50 Ich aber, ich suche nicht meine Herrlichkeit.[202] Es ist (einer), der sie sucht und richtet. 51 Amen, amen, ich sage euch: Wenn einer mein Wort bewahrt, wird er (den) Tod nicht schauen in Ewigkeit.«[203] 52 Es sprachen nun zu ihm die Juden: »Jetzt haben wir erkannt, daß du einen Dämon hast. Abraham ist gestorben, und die Propheten; und du, du sagst: ›Wenn einer mein Wort bewahrt, wird er den Tod nicht schmecken in Ewigkeit.‹ 53 Du, bist du etwa größer als unser Vater Abraham[204], welcher starb? Und die Propheten starben! Zu wem machst du dich selbst?« 54 Jesus antwortete: »Wenn ich mich selbst verherrliche, ist meine Herrlichkeit nichts. Es ist mein Vater, der mich verherrlicht, von dem *ihr* sagt: ›Unser Gott ist er!‹ 55 Und ihr habt ihn nicht erkannt, ich aber, ich kenne ihn.[205] Und wenn ich spräche: ›Ich kenne ihn nicht‹, wäre ich gleich euch ein Lügner. Aber ich kenne ihn und bewahre sein Wort. 56 Abraham, euer Vater, jubelte, daß er meinen Tag sehen sollte; und er sah und freute sich.« 57 Es sprachen nun die Juden zu ihm: »Fünfzig Jahre hast du noch nicht und Abraham hast du gesehen?« 58 Es sprach zu ihnen Jesus: »Amen, amen, ich sage euch: Bevor Abraham ward, bin *ich*.«[206] 59 Sie hoben nun Steine auf, um auf ihn zu werfen.[207] Jesus aber verbarg sich und ging hinaus aus dem Tempel.

[183] *Vgl 7, 34. 36; 13, 33.*
[184] *Vgl 7, 35.*
[185] *Vgl 3, 31; 7, 14.*
[186] *Vgl 13, 19.*
[187] *Vgl 7, 28.*
[188] *Vgl 12, 49.*
[190] *Vgl 3, 14; 12, 32.*
[191] *Vgl 5, 19.*

[192] *Vgl 8, 16; 16, 32.*
[193] *Vgl 2, 23; 7, 31; 10, 42; 11, 45; 12, 11. 42.*
[194] *Vgl 15, 7.*
[195] *Vgl Mt 3, 9/Lk 3, 8; Joh 8, 39. 56.*
[196] *Vgl 5, 18; 7, 19. 25.*
[197] *Vgl Dtn 32, 6; Jes 63, 16; 64, 8.*
[198] *Vgl 13, 3; 16, 28; 17, 8.*
[199] *Vgl 7, 28; 17, 8.*

[200] *Vgl 18, 37; 1 Joh 4, 6.*
[201] *Vgl 4, 9; 7, 20.*
[202] *Vgl 5, 41.*
[203] *Vgl 5, 24; auch Mk 9, 1 parr.*
[204] *Vgl 4, 12.*
[205] *Vgl 7, 28f.*
[206] *Vgl 1, 1.*
[207] *Vgl 10, 31; 11, 8.*

34. Die Heilung des Blindgeborenen

Joh 9, 1–7	*Mk 8, 22 b; (Joh 8, 12 b); 8, 23 b; 10, 52*	*Mt 9, 27; 5, 14; 9, 29 f*	*Mt 20, 30. 34 a; Lk 18, 42 f.*
1 Und entlanggehend sah er einen Menschen, blind seit Geburt. 2 Und es fragten ihn seine Jünger, sagten: »Rabbi, wer hat gesündigt, dieser oder seine Eltern, daß er blind geboren wurde?« 3 Jesus antwortete: »Weder dieser hat gesündigt [208] noch seine Eltern, vielmehr, offenbart werden sollen die Werke Gottes an ihm. [209] 4 Wir, wir müssen wirken die Werke dessen, der mich geschickt hat, solange es Tag ist. [210] Es kommt Nacht, wann niemand wirken kann. 5 Solange ich in der Welt bin, bin ich das Licht der Welt!« [211]	22 b Und sie bringen ihm einen Blinden und bitten ihn, daß er ihn berühre.	27 Und Jesus, der entlang ging von dort, folgten zwei Blinde …	30 Und siehe, zwei Blinde saßen am Weg. Da sie hörten, daß Jesus entlanggeht …
	Joh 8, 12 b: »Ich bin das Licht der Welt!«	*5, 14 »Ihr seid das Licht der Welt!«*	
6 Da er dies gesprochen, spuckte er zu Boden und machte einen Teig aus dem Speichel und salbte ihm den Teig auf die Augen 7 und sprach zu ihm: »Geh hin, wasch dich im Teich Siloam!«, [212] das wird übersetzt: Gesandter. Er ging nun fort und wusch sich; und er kam sehend.	23 b Und er spuckte in seine Augen. 10, 52 Und Jesus sprach zu ihm: »Geh hin, dein Glaube hat dich gerettet!« Und gleich sah er wieder und folgte ihm auf dem Weg.	29 Dann berührte er ihre Augen, sagte: »Nach eurem Glauben geschehe euch!« 30 Und geöffnet wurden ihre Augen …	34 a Voll Mitleid aber berührte Jesus ihre Augen … *Lk 18, 42* Und Jesus sprach zu ihm: »Sieh wieder! Dein Glaube hat dich gerettet!« 43 Und sofort sah er wieder und folgte ihm, Gott preisend.

35. Der Geheilte, seine Nachbarn und die Pharisäer

Joh 9, 8–17

8 Die Nachbarn nun und die ihn früher geschaut hatten, daß er Bettler war, sagten: »Ist dieser nicht (der), der (da)saß und bettelte?« [213] 9 Andere sagten: »Dieser ist's!« Andere sagten: »Nein, aber er ist ihm ähnlich!« Jener sagte: »Ich bin's!« 10 Sie sagten nun zu ihm: »Wie nun sind deine Augen geöffnet worden?« 11 Jener antwortete: »Der Mensch, der Jesus heißt, machte einen Teig und salbte mir die Augen und sprach zu mir: ›Geh hin zum Siloam und wasche dich!‹ Fortgegangen nun und gewaschen, sah ich (erstmals).« 12 Und sie sprachen zu ihm: »Wo ist jener?« Er sagt: »Ich weiß nicht«. 13 Sie führen ihn zu den Pharisäern, den vormals Blinden. 14 Es war aber Sabbat an dem Tag, an dem Jesus den Teig machte und seine Augen öffnete. [214] 15 Wiederum nun fragten ihn auch die Pharisäer, wie er (erstmals) sah. Er aber sprach zu ihnen: »Einen Teig legte er mir auf die Augen, und ich wusch mich, und ich sehe.« 16 Es sagten nun einige aus den Pharisäern: »Dieser Mensch ist nicht von Gott, weil er den Sabbat nicht hält.« [215] Andere aber sagten: »Wie kann ein sündiger Mensch solche Zeichen tun?« [216] Und eine Spaltung war unter ihnen. [217] 17 Sie sagen nun dem Blinden wiederum: »Was sagst *du* über ihn, weil er deine Augen geöffnet hat?« Der aber sprach: »Ein Prophet ist er!« [218]

---

[208] *Vgl Lk 13, 2. 4.*
[209] *Vgl 11, 4.*
[210] *Vgl 5, 17.*
[211] *Vgl 1, 4. 5. 9; 8, 12; 12, 46.*

[212] *Vgl 2 Kön 5, 10.*
[213] *Vgl Apg 3, 10.*
[214] *Vgl 5, 9; Lk 13, 14.*
[215] *Vgl 3, 2; 5, 16. 18; 9, 33.*

[216] *Vgl 9, 31.*
[217] *Vgl 7, 43; 10, 19.*
[218] *Vgl 4, 19; 7, 40; Mt 21, 46.*

36. Verhör der Eltern und des Blinden durch die Juden

Joh 9, 18–34

18 Es glaubten nun die Juden nicht über ihn, daß er blind war und (erstmals) sah, bis sie seine Eltern, dessen, der (erstmals) sah, gerufen hatten.
19 Und sie fragten sie, sagten: »Ist dieser euer Sohn, von dem *ihr* sagt, daß er blind geboren wurde? Wieso nun sieht er nun?«
20 Es antworteten nun seine Eltern und sprachen: »Wir wissen, daß dieser unser Sohn ist und daß er blind geboren wurde. 21 Wieso er aber jetzt sieht, wissen wir nicht. Oder wer seine Augen öffnete, wir, wir wissen's nicht. Fragt ihn, er hat (sein) Alter, er soll über sich selbst reden!«
22 Dies sprachen seine Eltern, weil sie die Juden fürchteten[219]; denn schon hatten die Juden festgesetzt, daß, wenn ihn einer als Christus bekenne, er von der Synagoge ausgeschlossen werden solle[220]. 23 Deshalb sprachen seine Eltern: »Er hat (sein) Alter, fragt ihn!«
24 Sie riefen nun den Menschen zum zweiten Mal, der blind gewesen war, und sprachen zu ihm: »Gib Herrlichkeit Gott! *Wir* wissen, daß dieser Mensch ein Sünder ist.« 25 Es antwortete nun jener: »Ob er ein Sünder ist, weiß ich nicht. Eines weiß ich, daß ich, der ich blind war, nun sehe.«
26 Sie sprachen nun zu ihm: »Was hat er dir getan? Wie hat er deine Augen geöffnet?« 27 Er antwortete ihnen: »Ich sprach schon zu euch, und ihr habt nicht gehört.[221] Was wollt ihr wiederum hören? Wollt etwa auch *ihr* seine Jünger werden?« 28 Und sie beschimpften ihn und sprachen: »Du, du bist jenes Jünger, wir aber, wir sind des Mose Jünger. 29 Wir, wir wissen, daß zu Mose Gott geredet hat, diesen aber kennen wir nicht, woher er ist.«[222]
30 Es antwortete der Mensch und sprach zu ihnen: »Darin nämlich ist das Wunderbare, daß *ihr* nicht wißt, woher er ist! Und er hat meine Augen geöffnet!
31 Wir wissen, daß Gott auf Sünder nicht hört;[223] vielmehr, wenn einer gottesfürchtig ist und seinen Willen tut, auf diesen hört er.[224] 32 Seit ewig hat man nicht gehört, daß einer die Augen eines blind Geborenen geöffnet hat. 33 Wenn dieser nicht von Gott wäre, hätte er nichts tun können.«[225]
34 Sie antworteten und sprachen zu ihm: »In Sünden bist *du* ganz geboren,[226] und du, du belehrst uns?« Und sie warfen ihn hinaus, aus (der Synagoge).

37. Jesus und der Geheilte

Joh 9, 35–39

35 Jesus hörte, daß sie ihn hinausgeworfen hatten, aus (der Synagoge); und da er ihn fand, sprach er: »Du, glaubst du an den Menschensohn?«
36 Jener antwortete und sprach: »Und wer ist es, Herr? Ich will an ihn glauben!«
37 Es sprach zu ihm Jesus: »Und du hast ihn gesehen, und der mit dir redet, jener ist es.[227]« 38 Er aber sagte: »Ich glaube, Herr!« Und er huldigte ihm.
39 Und Jesus sprach: »Zum Gericht bin *ich* in diese Welt gekommen,[228] damit die nicht Sehenden sehen und die Sehenden blind werden!«[229]

[219] *Vgl 7, 13; 19, 38; 20, 19.*
[220] *Vgl 12, 42.*
[221] *Vgl Lk 22, 67.*
[222] *Vgl 7, 27. 28; 8, 14.*

[223] *Vgl Ps 66, 18; Jes 1, 15.*
[224] *Vgl Ps 34, 15; Koh 15, 29.*
[225] *Vgl 3, 2.*
[226] *Vgl 9, 2; Ps 51, 5.*

[227] *Vgl 4, 26.*
[228] *Vgl 3, 17; 5, 22. 27. 30; 8, 15. 16; 12, 47.*
[229] *Vgl Mk 4, 11 parr.*

38. Jesu Offenbarungsrede angesichts der Blindheit der Pharisäer

Joh 9, 40–10, 18

40 Es hörten dies aus den Pharisäern (diejenigen), die bei ihm waren; und sie sprachen zu ihm: »Sind etwa auch *wir* blind?«[230]
41 Es sprach zu ihnen Jesus: »Wenn ihr blind wäret, hättet ihr keine Sünde.[231] Jetzt aber sagt ihr: Wir sehen! Eure Sünde bleibt!
10, 1 Amen, amen, ich sage euch: Wer nicht durch die Tür in den Hof der Schafe hineinkommt, sondern anderswoher hinaufsteigt, jener ist ein Dieb und Räuber.
2 Wer aber durch die Tür hineinkommt, ist Hirt der Schafe.
3 Diesem öffnet der Türhüter, und die Schafe hören auf seine Stimme, und die eigenen Schafe ruft er mit Namen und führt sie hinaus.
4 Wenn er die eigenen alle hinausgetrieben hat, zieht er vor ihnen her, und die Schafe folgen ihm, weil sie seine Stimme kennen. 5 Einem Fremden aber werden sie nicht folgen, sondern sie werden fliehen vor ihm, weil sie die Stimme der Fremden nicht kennen.«
6 Diese Bildrede sprach Jesus zu ihnen; jene aber erkannten nicht, was es bedeutete, das er zu ihnen redete.[232]
7 Jesus nun sprach wiederum: »Amen, amen, ich sage euch: Ich, ich bin die Tür der Schafe. 8 Alle, die vor mir kamen, sind Diebe und Räuber. Aber die Schafe hörten nicht auf sie. 9 Ich, ich bin die Tür. Wenn jemand durch mich hinein-

kommt, wird er gerettet werden und hineinkommen und hinausgehen und Weide finden.[233] 10 Der Dieb kommt nicht, es sei denn, um zu stehlen und zu schlachten und zu verderben. Ich, ich kam, damit sie Leben haben und überreich haben.
11 Ich, ich bin der gute Hirte.[234] Der gute Hirte setzt sein Leben ein für die Schafe.[235] 12 Wer Lohnknecht und nicht Hirte ist, dem die Schafe nicht eigen sind, schaut den Wolf kommen und läßt die Schafe und flieht; und der Wolf raubt sie und zerstreut (sie).[236] 13 Denn er ist Lohnknecht, und er kümmert sich nicht um die Schafe. 14 Ich, ich bin der gute Hirte, und ich erkenne die Meinen,[237] und es erkennen mich die Meinen, 15 wie mich der Vater erkennt und *ich* den Vater erkenne.[238] Und mein Leben setze ich ein für die Schafe.[239]
16 Und andere Schafe habe ich, die nicht aus diesem Hof sind. Auch jene muß ich führen,[240] und sie werden auf meine Stimme hören, und sie werden sein eine einzige Herde, ein einziger Hirt.[241] 17 Deshalb liebt mich der Vater, weil ich mein Leben einsetze, damit ich es wiederum empfange. 18 Niemand nimmt es von mir, vielmehr: Ich, ich setze es ein von mir aus. Ich habe die Vollmacht, es einzusetzen, und ich habe die Vollmacht, es wiederum zu empfangen. Dieses Gebot habe ich empfangen von meinem Vater.«[242]

39. Erneute Spaltung unter den Juden

Joh 10, 19–21

19 Wiederum entstand eine Spaltung unter den Juden wegen dieser Worte.
20 Es sagten aber viele aus ihnen: »Er hat einen Dämon und rast!«[243] Was hört ihr auf ihn?«

21 Andere sagten: »Diese Sprüche sind nicht die eines Besessenen! Kann ein Dämon etwa die Augen von Blinden öffnen?«

Joh 7, 43. 20; 9, 33

43 Eine Spaltung nun entstand in der Schar seinetwegen.
20 Es antwortete ihm die Schar: »Einen Dämon hast du! Wer sucht dich zu töten?«

9,33 »Wenn dieser nicht von Gott wäre, hätte er nichts tun können.«

Joh 9, 16c; 8, 48. 49

16c Und eine Spaltung war unter ihnen.

8,48 Die Juden antworteten und sprachen zu ihm: »Sagen wir nicht mit Recht, daß du ein Samariter bist und einen Dämon hast?«

49 Jesus antwortete: »Ich habe keinen Dämon, sondern ehre meinen Vater, und ihr entehrt mich.«

Joh 8, 52; 9, 16b

52 Es sprachen nun die Juden zu ihm: »Jetzt haben wir erkannt, daß du einen Dämon hast!«

9, 16b Andere aber sagten: »Wie kann ein sündiger Mensch solche Zeichen tun?«

---

[230] Vgl Mt 15, 14; Lk 6, 39; Tomasevangelium 34; Mt 23, 26.
[231] Vgl 15, 22.
[232] Vgl Mk 4, 11f parr; 4, 33f par.
[233] Vgl 14, 6.
[234] Vgl Ps 23, 1; Jes 40, 1; Ez 34, 15; Offb 7, 17.
[235] Vgl 15, 13; 1 Joh 3, 16.
[236] Vgl Apg 20, 29.
[237] Vgl 10, 27.
[238] Vgl Mt 11, 27 par.
[239] Vgl 15, 13; 1 Joh 3, 16.
[240] Vgl 11, 52.
[241] Vgl Ez 34, 23; 37, 24.
[242] Vgl 14, 31; 15, 10.
[243] Vgl Mk 3, 21f parr. 30.

40. Jesus während des Tempelweihfestes in Jerusalem

Joh 10, 22–39

22 Es fand dann das Tempelweihfest in Jerusalem statt; es war Winter.
23 Und Jesus ging im Tempel umher, in der Halle Salomos.[244]
24 Es umringten ihn nun die Juden und sagten ihm: »Bis wann nimmst du unsere Seele (in Beschlag)? Wenn *du* der Christus bist, sprich zu uns frei heraus!«[245]
25 Es antwortete ihnen Jesus: »Ich sprach zu euch, und ihr glaubt nicht![246] Die Werke, die *ich* tue im Namen meines Vaters, diese zeugen über mich.[247]
26 Aber *ihr* glaubt nicht,[248] weil ihr nicht aus meinen Schafen seid.*
27 Meine Schafe hören auf meine Stimme,[249] und *ich* erkenne sie, und sie folgen mir, 28 und *ich* gebe ihnen ewiges Leben, und sie verderben nicht in Ewigkeit,[250] und keiner wird sie rauben aus meiner Hand.[251] 29 Mein Vater ist betreffs derer, die er mir gab, viel größer, und niemand kann (sie) aus der Hand des** Vaters rauben. 30 *Ich* und der Vater sind eins!«[252]
31 Die Juden hoben wiederum Steine auf, um ihn zu steinigen.[253]
32 Es antwortete ihnen Jesus: »Viele gute Werke habe ich euch gezeigt vom Vater; wegen welches dieser Werke steinigt ihr mich?«
33 Es antworteten ihm die Juden: »Für ein gutes Werk steinigen wir dich nicht, sondern für Lästerung[254], weil du, der du ein Mensch bist, dich selbst zu Gott machst.«[255]
34 Es antwortete ihnen Jesus: »Steht nicht geschrieben in eurem Gesetz: ICH SPRACH: GÖTTER SEID IHR?[256] 35 Wenn er jene (als) Götter (an)sprach, an die das Wort Gottes erging, und die Schrift nicht aufgelöst werden kann,[257] 36 sagt ihr dann (mit Recht) von dem, den der Vater geheiligt und in die Welt gesandt hat: ›Du lästerst!‹, weil ich sprach: ›Sohn Gottes bin ich!‹?[258] 37 Wenn ich die Werke meines Vaters nicht tue, glaubt mir nicht! 38 Wenn ich (sie) aber tue, und wenn ihr *mir* nicht glaubt, glaubt den Werken, damit ihr merkt und erkennt,*** daß in mir der Vater (ist) und *ich* im Vater (bin).«[259]
39 Sie suchten nun wiederum, ihn gefangenzunehmen. Und er entkam ihrer Hand.[260]

41. Jesus erneut jenseits des Jordan

Joh 10, 40–42

40 Und er ging wiederum fort jenseits des Jordan an den Ort, wo Johannes zuerst am Taufen war,[261] und er blieb dort.
41 Und viele kamen zu ihm und sagten: »Johannes hat zwar kein Zeichen getan; alles aber, was Johannes über diesen sprach, war zuverlässig.«[262]
42 Und viele glaubten dort an ihn.[263]

---

* Manche Handschriften fügen hinzu: »Wie ich zu euch sprach.«

** Viele Handschriften lesen »meines Vaters«.

*** Ein Teil der Handschriften ersetzt durch »glaubt«.

[244] Vgl *Apg 3, 11; 5, 12.*
[245] Vgl *Lk 22, 67a:* »sagten: ›Wenn *du* der Christus bist, sprich's zu uns!‹«
[246] Vgl *Lk 22, 67b:* »Er aber sprach zu ihen: ›Wenn ich zu euch spreche, werdet ihr nicht glauben!‹«
[247] Vgl *5, 36; 10, 38.*
[248] Vgl *6, 64; 8, 45.*
[249] Vgl *8, 47; 10, 3.*
[250] Vgl *3, 16; 17, 12.*
[251] Vgl *6, 39; 17, 12; 18, 9.*
[252] Vgl *17, 21.*
[253] Vgl *8, 59.*
[254] Vgl *Mk 14, 64; Mt 26, 65.*
[255] Vgl *5, 18.*
[256] *Ps 82, 6.*
[257] Vgl *Mt 5, 17f:* »Nehmt nicht an, daß ich gekommen bin, aufzulösen das Gesetz oder die Propheten! Nicht bin ich gekommen aufzulösen, vielmehr zu erfüllen. *18* Denn amen, ich sage euch: Bis vergeht der Himmel und die Erde, wird nicht *ein* Jota oder *ein* Häkchen vergehen vom Gesetz, bis alles geschieht.« Vgl *Lk 16, 17.*
[258] Vgl *5, 17–20.*
[259] Vgl *14, 10–11; 17, 21.*
[260] Vgl *7, 30; 8, 20; auch Lk 4, 29f:* »Und sie standen auf, warfen ihn hinaus, außerhalb der Stadt und führten ihn bis zum Berghang, auf dem ihre Stadt erbaut war, um ihn hinabzustürzen. *30* Er aber, er ging mitten durch sie hindurch und zog weg.«
[261] Vgl *1, 28.*
[262] Vgl *1, 29. 34; 3, 27.*
[263] Vgl *2, 23; 7, 31; 8, 30; 11, 45; 12, 11. 42.*

42. Die Auferweckung des Lazarus

Joh 11, 1–46

1 Es war aber einer krank, Lazarus[264] von Betanien, aus dem Dorf Marias und Martas, ihrer Schwester.[265] 2 Maria aber war es, die den Herrn mit Salböl gesalbt und seine Füße mit ihren Haaren getrocknet hatte;[266] deren Bruder Lazarus war krank. 3 Es sandten nun die Schwestern zu ihm, sagten: »Herr, sieh, den du liebhast,[267] er ist krank!« 4 Da aber Jesus es gehört, sprach er: »Dieses Leiden ist nicht zum Tode, sondern für die Herrlichkeit Gottes, damit der Sohn Gottes verherrlicht werde durch sie.«[268] 5 Es liebte Jesus die Marta und ihre Schwester und den Lazarus.

6 Wie er nun hörte, daß er krank ist, dann allerdings blieb er an dem Ort, wo er war zwei Tage. 7 Darauf, nach diesem, sagt er den Jüngern: »Ziehen wir wiederum nach Judäa!« 8 Es sagen ihm die Jünger: »Rabbi, jetzt suchten die Juden, dich zu steinigen,[269] und wiederum hingehst du dort hin?« 9 Jesus antwortete: »Sind nicht zwölf Stunden des Tags? Wenn einer umhergeht am Tag, schlägt er nicht an, weil er das Licht dieser Welt sieht. 10 Wenn aber einer umhergeht in der Nacht, schlägt er an, weil das Licht nicht in ihm ist.«[270] 11 Dies sprach er, und danach sagt er ihnen: »Lazarus, unser Freund, ist eingeschlafen,[271] aber ich ziehe hin, damit ich ihn wach mache.« 12 Es sprachen nun die Jünger zu ihm: »Herr, wenn er eingeschlafen ist, wird er gerettet werden.« 13 Jesus aber hatte über seinen Tod geredet. Jene aber meinten, er sage (es) über die Ruhe des Schlafes. 14 Dann nun sprach Jesus zu ihnen frei heraus: »Lazarus ist gestorben, 15 und ich freue mich um euretwillen, daß ich nicht dort war, damit ihr glaubt. Wohlan, ziehen wir zu ihm!« 16 Es sprach nun Tomas, der (so) genannte Didymus, zu den Mitjüngern: »Ziehen auch wir, damit wir sterben mit ihm!«[272]

17 Da Jesus nun kam, fand er ihn schon vier Tage im Grab befindlich. 18 Es war aber Betanien nahe bei Jerusalem, etwa fünfzehn Stadien weit.[273] 19 Viele aber aus den Juden waren gekommen zu Marta und Maria, um sie zu trösten über den Bruder. 20 Marta nun, wie sie hörte, daß Jesus kommt, ging ihm entgegen. Maria aber saß zu Hause. 21 Es sprach nun Marta zu Jesus: »Herr, wenn du hier gewesen wärst, wäre mein Bruder nicht gestorben.[274] 22 Aber auch jetzt weiß ich, daß, was du von Gott verlangst, Gott dir geben wird.« 23 Es sagt ihr Jesus: »Auferstehen wird dein Bruder!« 24 Es sagt ihm Marta: »Ich weiß, daß er auferstehen wird bei der Auferstehung am letzten Tag!«[275]

25 Es sprach zu ihr Jesus: »Ich, ich bin die Auferstehung und das Leben. Wer an mich glaubt, wird, auch wenn er gestorben ist, leben. 26 Und jeder, der lebt und an mich glaubt, wird nicht sterben in Ewigkeit.[276] Glaubst du dies?« 27 Sie sagt ihm: »Ja, Herr! Ich bin zum Glauben gekommen, daß du bist der Christus, der Sohn Gottes, der in die Welt kommende!«[277]

28 Und da sie dies gesprochen hatte, ging sie fort und rief Maria, ihre Schwester, heimlich sprechend: »Der Lehrer ist da und ruft dich!« 29 Jene aber, wie sie (es) hörte, richtete sich rasch auf und kam zu ihm. 30 Noch aber war Jesus nicht in das Dorf gekommen, sondern war noch an dem Ort, wo Marta ihm begegnete. 31 Die Juden nun, die mit ihr zu Hause waren und sie trösteten, sahen die Maria, daß sie rasch aufstand und hinausging; sie folgten ihr, meinten, daß sie hingehe zum Grab, um dort zu weinen. 32 Maria nun, wie sie (dahin) kam, wo Jesus war, fiel, da sie ihn sah, ihm zu Füßen, sagte: »Herr, wenn du hier gewesen wärst, wäre mein Bruder nicht gestorben!«[278]

33 Jesus nun, wie er sie weinen und die mit ihr gekommenen Juden weinen sah, ergrimmte im Geist und erregte sich 34 und sprach: »Wo habt ihr ihn hingelegt?« Sie sagen ihm: »Herr, komm und sieh!« 35 Jesus vergoß Tränen.[279] 36 Es sagten nun die Juden: »Sieh, wie er ihn liebhatte!«[280] 37 Einige aber aus ihnen sprachen: »Konnte nicht dieser, der die Augen des Blinden geöffnet hat,[281] machen, daß auch dieser nicht stürbe?«

38 Jesus nun ergrimmte wiederum in sich, kommt zum Grab. Es war aber eine Höhle, und ein Stein lag auf ihr.[282] 39 Jesus sagt: »Hebt den Stein auf!« Es sagt ihm die Schwester des Verstorbenen, Marta: »Herr, er riecht schon; er ist ja (schon) viertägig.« 40 Es sagt ihr Jesus: »Sprach ich nicht zu dir, daß, wenn du glaubst, du sehen wirst die Herrlichkeit Gottes?« 41 Sie hoben nun den Stein auf. Jesus aber hob die Augen nach oben und sprach: »Vater, ich danke dir, daß du auf mich gehört hast. 42 Ich aber, ich wußte, daß du allezeit auf mich hörst. Doch wegen der Schar, die ringsum steht, sprach ich, damit sie glauben, daß du mich gesandt hast.«[283]

43 Und da er dies gesprochen, schrie er mit lautem Ruf: »Lazarus, auf, heraus!« 44 Herauskam der Tote, gebunden an Händen und Füßen mit Binden; und sein Antlitz war mit einem Schweißtuch umbunden.[284] Es sagt ihnen Jesus: »Löst ihn und laßt ihn hingehen!«

45 Viele nun aus den Juden, die zu Maria kamen und schauten, was er tat, glaubten an ihn.[285]

46 Einige aber aus ihnen gingen fort zu den Pharisäern und sprachen zu ihnen von dem, was Jesus tat.

---

[264] *Vgl Lk 16, 19–31.*
[265] *Vgl Lk 10, 38f.*
[266] *Vgl 12, 3.*
[267] *Vgl 11, 36.*
[268] *Vgl 9, 3.*
[269] *Vgl 8, 59; 10, 31.*
[270] *Vgl 12, 35.*
[271] *Vgl Mk 5, 39b:* »Das Kind starb nicht, sondern schläft!« *Vgl Mt 9, 24; Lk 8, 52; auch Mt 27, 52.*

[272] *Vgl Mk 14, 31 parr.*
[273] *Vgl Mk 11, 1 parr; Mt 21, 17.*
[274] *Vgl 11, 32.*
[275] *Vgl 5, 28f; 6, 39f.*
[276] *Vgl 8, 51.*
[277] *Vgl 6, 14. 69; Mt 16, 16.*
[278] *Vgl 11, 21.*
[279] *Vgl Lk 19, 41.*

[280] *Vgl 11, 3.*
[281] *Vgl 9, 6.*
[282] *Vgl Mk 15, 46 parr.*
[283] *Vgl 6, 29; 17, 8. 21.*
[284] *Vgl 20, 6f.*
[285] *Vgl Lk 16, 31; Joh 2, 23; 7, 31; 8, 30; 10, 42; 12, 11. 42.*

43. Der Beschluß des Synedrions, Jesus zu töten

Joh 11, 47–53	*Mk 14, 55. 63–64*	*Mt 26, 59–60a. 65–66*	*Lk 22, 66. 71*
47 Es versammelten nun die Hohenpriester und Pharisäer ein Synedrion und sagten: »Was sollen wir tun? Denn dieser Mensch tut viele Zeichen! 48 Wenn wir ihn so lassen, werden alle an ihn glauben, und die Römer werden kommen und werden uns den Ort und die Nation wegnehmen.« 49 Einer aber aus ihnen, Kajafas, der Hoherpriester jenes Jahres war, sprach zu ihnen: »Ihr, ihr wißt nichts! 50 Ihr bedenkt auch nicht, daß es euch nützt, daß ein Mensch stirbt für das Volk und nicht die ganze Nation verdirbt.«[286] 51 Dies aber sprach er nicht von sich selbst, vielmehr, da er Hoherpriester jenes Jahres war, prophezeite er, daß Jesus für die Nation sterben sollte, 52 und nicht für die Nation allein, vielmehr, auf daß er auch die zerstreuten Kinder Gottes sammle zu einem.[287] 53 Seit jenem Tag nun hatten sie beschlossen, ihn zu töten.[288]	55 Die Hohenpriester aber und das ganze Synedrion suchten gegen Jesus ein Zeugnis, um ihn zu Tode zu bringen. Und sie fanden's nicht. *[Vgl 14, 57f]* 63 Der Hohepriester aber zerriß seine Gewänder, sagte: »Was brauchen wir noch Zeugen? 64 Ihr habt die Lästerung gehört! Was scheint euch (angemessen)?« Sie alle aber verurteilten ihn, er sei des Todes schuldig.	59 Die Hohenpriester aber und das ganze Synedrion suchten ein Falschzeugnis gegen Jesus, damit sie ihn zu Tode bringen könnten. 60a Und sie fanden's nicht. *[Vgl 26, 60f]* *[Vgl 26, 57]* 65 Dann zerriß der Hohepriester seine Kleider, sagte: »Er hat gelästert! Was brauchen wir noch Zeugen? Sieh, jetzt habt ihr die Lästerung gehört! 66 Was dünkt euch?« Sie aber antworteten, sprachen: »Er ist des Todes schuldig!«	66 Und wie es Tag wurde, versammelte sich der Ältestenrat des Volks, Hohepriester und Schriftgelehrte; und sie führten ihn ab in ihr Synedrion. *[Vgl Apg 6, 14]* 71 Sie aber sprachen: »Was brauchen wir noch ein Zeugnis? Denn wir selbst haben's aus seinem Mund gehört!« *[Vgl Lk 19, 47]*

---

[286] *Vgl 18, 14.*
[287] *Vgl 10, 16; 17, 21.*
[288] *Vgl 5, 18; 7, 1. 25; 8, 37. 40; Mk 3, 6 parr; Mk 14, 1b:* »Und die Hohenpriester und die Schriftgelehrten suchten, wie sie ihn mit Heimtücke ergreifen, töten könnten.« *Mt 26, 3–4:* »Dann versammelten sich die Hohenpriester und die Ältesten des Volks im Palast des Hohenpriesters, des genannten Kajafas, 4 und sie beschlossen, daß sie Jesus mit Heimtücke ergreifen und töten wollten.« *Lk 22, 2:* »Und die Hohenpriester und die Schriftgelehrten suchten, wie sie ihn umbringen könnten.«

44. Jesus in Efraim – Verhaftungsbefehl

Joh 11, 54–57	*Mk 14, 1–2 (Joh 7, 1. 11)*	*Mt 26, 2–5*	*Lk 22, 1–2*
54 Jesus nun ging nicht mehr öffentlich umher unter den Juden, vielmehr ging er von dort fort in das Land nahe der Wüste, nach einer Efraim genannten Stadt; und dort blieb er mit den Jüngern.[289]	*Joh 7, 1 Und danach ging Jesus in Galiläa umher, er wollte nämlich nicht in Judäa umhergehen, weil ihn die Juden zu töten suchten.*		
55 Es war aber nahe das Pascha der Juden.[290]	1 a Es war aber das Pascha und das (Fest) der ungesäuerten Brote nach zwei Tagen.	2 »Ihr wißt, daß nach zwei Tagen das Pascha wird, und der Menschensohn wird ausgeliefert, um gekreuzigt zu werden.«	1 Nahe kam aber das Fest der ungesäuerten Brote, das sogenannte Pascha.
Und es stiegen viele hinauf nach Jerusalem aus dem Land vor dem Pascha, um sich zu heiligen.[291]			
56 Sie suchten nun Jesus und sagten miteinander, da sie im Tempel standen: »Was meint ihr? Wird er etwa nicht zum Fest kommen?«	*Joh 7, 11 Die Juden nun suchten ihn in der Festversammlung und sagten: »Wo ist jener?«*		
57 Es hatten aber die Hohenpriester und die Pharisäer Gebote gegeben, daß, wenn einer erführe, wo er ist, es anzeige, damit sie ihn gefangennähmen.	1 b Und die Hohenpriester und die Schriftgelehrten suchten, wie sie ihn mit Heimtücke ergreifen, töten könnten. 2 Sie sagten nämlich: »Nicht in der Festversammlung, sonst wird ein Aufruhr des Volkes sein!«	3 Dann versammelten sich die Hohenpriester und die Ältesten des Volks im Palast des Hohenpriesters, des genannten Kajafas, 4 und sie beschlossen, daß sie Jesus mit Heimtücke ergreifen und töten wollten. 5 Sie sagten aber: »Nicht in der Festversammlung, damit kein Aufruhr entsteht im Volk!«	2 Und die Hohenpriester und die Schriftgelehrten suchten (danach), wie sie ihn umbringen könnten; denn sie fürchteten das Volk.

---

[289] *Vgl 2, 12; 3, 22.*   [290] *Vgl 2, 13; 6, 14.*   [291] *Vgl 2 Chr 30, 17.*

45. Die Salbung in Betanien

Joh 12, 1–8	Mk 14, 3–9	Mt 26, 6–13	Lk 7, 36–38
1 Jesus nun kam sechs Tage vor dem Pascha nach Betanien, wo Lazarus war, den Jesus auferweckt hatte von den Toten.[292] 2 Sie machten ihm nun ein Mahl dort, und Marta bediente,[293] Lazarus aber war einer von den mit ihm zu Tisch Liegenden. 3 Maria nun	3 Und da er in Betanien war, im Haus Simons, des Aussätzigen,	6 Da aber Jesus in Betanien war im Haus Simons, des Aussätzigen,	36 Es bat ihn aber einer der Pharisäer, daß er mit ihm esse. Und hineingegangen in das Haus des Pharisäers,
	kam, während er zu Tisch lag,	7 trat herzu zu ihm	legte er sich (zu Tisch).
	eine Frau	eine Frau	37 Und siehe, eine Frau, welche in der Stadt (als) Sünderin war; und sie bemerkte, daß er zu Tisch lag im Haus des Pharisäers,
nahm ein Pfund Salböl aus teurer Pistaziennarde,	mit einem Alabasterfläschchen (voll) Salböl aus kostbarer Pistaziennarde. Sie zerbrach das Alabasterfläschchen, goß (es) aus auf seinen Kopf.	mit einem Alabasterfläschchen (voll) sehr teurem Salböl	beschaffte sich ein Alabasterfläschchen (voll) Salböl
salbte die Füße Jesu		und goß (es) aus auf seinem Kopf, während er zu Tisch lag.	38 und trat von hinten zu seinen Füßen, weinend, begann mit den Tränen seine Füße zu netzen und mit den Haaren ihres Kopfes trocknete sie und küßte seine Füße und salbte (sie) mit dem Salböl.
und trocknete mit ihren Haaren seine Füße. Das Haus aber wurde erfüllt vom Duft des Salböls. 4 Es sagt aber Judas, der Iskariot, einer seiner Jünger, der ihn ausliefern sollte[294]: 5 »Warum wurde dieses Salböl nicht für dreihundert Denare verkauft und Armen gegeben?«	4 Einige aber waren unwillig bei sich: »Wozu ist diese Vergeudung des Salböls geschehen? 5 Denn dieses Salböl hätte für über dreihundert Denare verkauft und den Armen gegeben werden können!« Und sie fuhren sie an.	8 Da aber die Jünger (es) sahen, wurden sie unwillig, sagten: »Wozu diese Vergeudung? 9 Denn es hätte dies für viel verkauft und den Armen gegeben werden können!«	[Vgl die Fortsetzung V 39–50!]
6 Er sprach dies aber nicht, weil er sich um die Armen kümmerte, sondern weil er ein Dieb war und als Kassenwart die Einlagen wegtrug. 7 Es sprach nun Jesus: »Laß sie, sie soll es für den Tag meines Begräbnisses bewahren.[295] 8 Denn die Armen habt ihr allezeit bei euch,	6 Jesus aber sprach: »Laßt sie! Was bereitet ihr ihr Beschwerden? Ein gutes Werk hat sie an mir gewirkt. 7 Denn allezeit habt ihr die Armen bei euch, und, wenn ihr wollt, könnt ihr ihnen wohltun! Mich aber habt ihr nicht allezeit!	10 Jesus aber merkte (es), sprach zu ihnen: »Was bereitet ihr der Frau Beschwerden? Denn ein gutes Werk hat sie an mir gewirkt. 11 Denn allezeit habt ihr die Armen bei euch,	
mich aber habt ihr nicht allezeit!«	8 Was sie (zu tun) hatte, hat sie getan. Sie hat vorweggenommen, zu salben meinen Leib zum Begräbnis.« [Vgl V 9]	mich aber habt ihr nicht allezeit! 12 Denn da diese dieses Salböl auf meinen Leib goß, hat sie es zu meinem Begräbnis getan.« [Vgl V 13]	

---

[292] Vgl 11, 1. 43 f.   [293] Vgl Lk 10, 40.   [294] Vgl 6, 71; Mk 3, 19 parr.   [295] Vgl 19, 40.

46. Beschluß der Hohenpriester, auch Lazarus zu töten

Joh 12, 9–11

9 Es erfuhr nun eine große Schar aus den Juden, daß er dort ist; und sie kamen, nicht wegen Jesus allein, sondern auch, damit sie den Lazarus sähen, den er von den Toten auferweckt hatte.[296]

10 Die Hohenpriester aber beschlossen, auch den Lazarus zu töten, 11 weil seinetwegen viele der Juden hingingen und an Jesus glaubten.[297]

47. Einzug in Jerusalem

Joh 12, 12–19

12 Am folgenden Tag hörte die große Schar, die zum Fest gekommen war, daß Jesus nach Jerusalem kommt.

13 Sie nahmen die Palmzweige und gingen hinaus zur Begegnung mit ihm

und
schrien:

»Hosanna!
GESEGNET DER KOMMENDE IM NAMEN DES HERRN,[298] der König Israels!«[299]

14 Da Jesus aber ein Eselchen fand, setzte er sich auf es,

wie geschrieben
steht:
15 FÜRCHTE DICH NICHT, TOCHTER ZION! SIEHE, DEIN KÖNIG KOMMT, SITZEND AUF EINEM JUNGESEL EINES ESELS.[300]

16 Dies erkannten seine Jünger zuerst nicht; aber als Jesus verherrlicht war, dann erinnerten sie sich, daß dies über ihn geschrieben stand und sie ihm dies getan hatten. 17 Es bezeugte nun die Schar, die bei ihm war, als er den Lazarus aus dem Grab rief und ihn von den Toten auferweckte. 18 Deshalb ging ihm die Schar entgegen, weil sie hörten, daß er dies Zeichen getan habe. 19 Die Pharisäer nun sprachen zu-einander: »Schaut, daß ihr überhaupt nichts ausrichtet! Sieh, die Welt ist fortgegangen, ihm nach!«[301]

Mk 11, 1–10

1 Und als sie nahekommen nach Jerusalem, nach Betfage und Betanien an den Ölberg, sendet er ...
[Vgl weiter bis V 7]
8 Und viele breiteten ihre Kleider auf den Weg, andere aber Büschel, auf den Äckern geschlagen.

9 Und die Voranziehenden und die Folgenden schrien:

»Hosanna!
GESEGNET DER KOMMENDE IM NAMEN DES HERRN! 10 Gesegnet das kommende Reich unseres Vaters David! Hosanna in den Höhen!«
7 Und sie bringen den Jungesel zu Jesus, ... und er setzte sich auf ihn.

[Vgl Joh 2, 22]

Mt 21, 1–11

1 Und als sie nahekamen nach Jerusalem und kamen nach Betfage an den Ölberg, da sandte Jesus ...
[Vgl weiter bis V 7]
8 Und die riesige Schar breitete ihre Kleider auf dem Weg (aus), andere aber schlugen Zweige von den Bäumen und breiteten sie auf dem Weg (aus).
9 Die Scharen aber, die voranziehenden und die folgenden, schrien, sagten:
»Hosanna dem Sohn Davids!
GESEGNET DER KOMMENDE IM NAMEN DES HERRN!

Hosanna in den Höhen!«
7 Und sie führten den Esel und den Jungesel ..., und er setzte sich auf sie.
4 Dies aber geschah, damit erfüllt würde, was gesprochen ist durch den Propheten, der sagt:
5 SPRECHT ZUR TOCHTER ZION: SIEHE, DEIN KÖNIG KOMMT ZU DIR, SANFTMÜTIG UND REITEND AUF EINEM ESEL UND EINEM JUNGESEL, EINEM SOHN EINES LASTTIERS.

[Vgl V 11]

[Vgl V 15 f]

Lk 19, 29–38

29 Und es geschah, wie er nahekam nach Betfage und Betanien an den so gerufenen Ölberg, sandte er ...
[Vgl weiter bis V 36]
36 Da er aber (los)zog, breiteten sie ihre Kleider auf dem Weg aus.
37 Als er aber schon nahekam zum Abstieg des Ölbergs, fing all die Menge der Jünger an, freudig Gott zu loben mit lauter Stimme über all die Machttaten, die sie gesehen, 38 sagend:

»GESEGNET DER KOMMENDE, der König, IM NAMEN DES HERRN!
Im Himmel Friede und Herrlichkeit in (den) Höhen!«
35 Und sie führen ihn zu Jesus und ... ließen Jesus aufsteigen.

[Vgl V 39]

---

[296] *Vgl 11, 43 f.*   [297] *Vgl 11, 45.*   [298] *Ps 118, 25 f.*   [299] *Vgl Mk 15, 32; Mt 27, 42; Joh 1, 49.*   [300] *Sach 9, 9.*   [301] *Vgl 11, 48.*

48. Griechen wollen Jesus sehen

Joh 12, 20–22

20 Es waren aber einige Griechen unter den Hinaufgestiegenen, um am Fest zu huldigen. 21 Diese nun traten zu Philippus, dem aus Betsaida in Galiläa,[302] und fragten ihn, sagten: »Herr, wir wollen den Jesus sehen!«

22 Philippus kommt und sagt es dem Andreas. Es kommt Andreas und Philippus, und sie sagen (es) Jesus.

49. Jesu Rede über seinen Tod

Joh 12, 23–36	*Mk 14, 41; 8, 35. 34 b; 14, 34. 36; 8, 31*	*Mt 26, 45; 16, 25. 24 b; 26, 38. 39 b; 16, 21*	*Lk 9, 24. 23 b; 22, 42; 9, 22*
23 Jesus aber antwortet ihnen, sagt: »Gekommen ist die Stunde, daß verherrlicht wird der Menschensohn.[303] 24 Amen, amen, ich sage euch: Wenn das Weizenkorn nicht, in die Erde gefallen, stirbt, bleibt es selbst allein. Wenn es aber stirbt, bringt es viele Frucht.[304] 25 Wer sein Leben liebhat, verliert es; und wer sein Leben haßt in dieser Welt, wird es zum ewigen Leben behüten! 26 Wenn einer mir dient, folge er mir, und wo *ich* bin, dort wird auch mein Diener sein.[309] Wenn einer mir dient, wird ihn der Vater ehren. 27 Jetzt ist meine Seele erregt. Und was soll ich sprechen? ›Vater, rette mich aus dieser Stunde?‹ Aber deswegen bin ich in diese Stunde gekommen! 28 Vater, verherrliche deinen Namen!« Es kam nun eine Stimme aus dem Himmel[311]: »Und ich habe verherrlicht und wiederum werde ich verherrlichen!«	41 Und er kommt das dritte Mal und sagt ihnen: »Ihr schlaft weiter und ruht euch aus? Es ist genug! Gekommen ist die Stunde, siehe, ausgeliefert wird der Menschensohn in die Hände der Sünder.« 35 »Denn wer immer sein Leben retten will, wird es verlieren; wer aber immer verlieren wird sein Leben um meinet- und des Evangeliums willen, wird es retten!« 34 b »Wenn einer mir nach gehen will, verleugne er sich selbst und trage sein Kreuz und folge mir!« *14, 34* Und er sagt ihnen: »BETRÜBT IST MEINE SEELE ZU TODE.[310] Bleibt hier und wacht!« 36 Und er sagte: »Abba, Vater, alles ist dir möglich. Bring diesen Becher vorüber an mir! Aber nicht, was ich will, sondern was *du* (willst)!« [Vgl V 35: … vorüber gehe an ihm die Stunde]	45 Dann kommt er zu den Jüngern und sagt ihnen: »Ihr schlaft weiter und ruht euch aus? Siehe, nahegekommen ist die Stunde, und der Menschensohn wird ausgeliefert in Sünderhände.« 25 »Denn wer immer sein Leben retten will, wird es verlieren; wer aber immer verliert sein Leben um meinetwillen, wird es finden!«[305] 24 b »Wenn einer mir nach gehen will, verleugne er sich selbst und trage sein Kreuz und folge mir!«[307] *26, 38* Dann sagt er ihnen: »BETRÜBT IST MEINE SEELE ZU TODE. Bleibt hier und wacht mit mir!« 39 b … und sagte: »Mein Vater, wenn es möglich ist, gehe vorüber an mir dieser Becher! Jedoch nicht wie ich will, sondern wie *du* (willst)!«	 24 Denn wer immer sein Leben retten will, wird es verlieren; wer aber immer verliert sein Leben um meinetwillen, dieser wird es retten!«[306] 23 b »Wenn einer mir nach gehen will, verleugne er sich selbst und trage sein Kreuz Tag um Tag und folge mir!«[308] *22, 42* sagte: »Vater, wenn du willst, bring diesen Becher vorüber an mir! Jedoch nicht mein Wille, sondern der deine geschehe!« [Vgl V 43]

---

[302] *Vgl 1, 44.*

[303] *Vgl 13, 31 f; 17, 1.*

[304] *Vgl 1 Kor 15, 36.*

[305] *Vgl Mt 10, 39:* »Wer sein Leben fand, wird es verlieren; und wer sein Leben verlor um meinetwillen, wird es finden!«

[306] *Vgl Lk 17, 33:* »Wer immer sucht, sein Leben zu erhalten, wird es verlieren; wer aber immer verliert sein Leben um meinetwillen, wird es finden!«

[307] *Vgl Mt 10, 38:* »Und wer nicht nimmt sein Kreuz und folgt, mir nach, ist meiner nicht würdig.«

[308] *Vgl Lk 14, 27:* »Welcher nicht schultert sein Kreuz und geht mir nach, kann nicht mein Jünger sein.«

[309] *Vgl 14, 3; 17, 24.*

[310] *Vgl Ps 42, 6. 12; 43, 5; Jona 4, 9; (1 Kön 19, 4).*

[311] *Vgl Mk 1, 11 parr; 9, 7 parr.*

29 Die Schar nun, die (da)stand und (es) hörte, sagte, ein Donner sei ergangen. Andere sagten: »Ein Engel hat zu ihm geredet!«[312]

30 Jesus antwortete und sprach: »Nicht meinetwegen ist diese Stimme ergangen, sondern euretwegen![313]

31 Jetzt ist das Gericht dieser Welt.[314] Jetzt wird der Fürst dieser Welt hinausgeworfen nach draußen![315]

32 Und ich, wenn ich erhöht bin von der Erde,[316] ich werde alle zu mir ziehen.«

33 Dies aber sagte er, andeutend, durch welchen Tod er sterben sollte.[317]

34 Es antwortete ihm nun die Schar: »Wir haben aus dem Gesetz gehört, daß der Christus bleibt in Ewigkeit,[318] und wieso sagst *du*, daß der Menschensohn erhöht werden muß? Wer ist dieser Menschensohn?«

35 Es sprach nun zu ihnen Jesus: »Noch kurze Zeit ist das Licht unter euch. Geht umher, (solange) wie ihr das Licht habt, damit nicht Finsternis euch überwältigt. Und wer in der Finsternis umhergeht, weiß nicht, wo er hingeht.[319]

36 (Solange) wie ihr das Licht habt, glaubt an das Licht, damit ihr Söhne (des) Lichts werdet.«[320] Dies redete Jesus; und er ging fort, verbarg sich vor ihnen.

[Vgl V 43]

[Vgl Lk 10, 18]

8, 31 Und er fing an, sie zu lehren,

daß der Menschensohn viel leiden müsse ... und nach drei Tagen auferstehen.

16, 21 Von dann an fing Jesus an, seinen Jüngern anzuzeigen, daß er nach Jerusalem fortgehen

und viel leiden müsse ... und am dritten Tag auferweckt werden.

9, 22 sprach: »Der Menschensohn muß viel leiden ... und am dritten Tag auferweckt werden.«

---

[312] *Vgl Apg 23, 9.*
[313] *Vgl 11, 42.*
[314] *Vgl 9, 39.*

[315] *Vgl 14, 30; 16, 11.*
[316] *Vgl 3, 14; 8, 28.*
[317] *Vgl 18, 32; 21, 19.*

[318] *Vgl Ps 89, 4. 36; 110, 4; Jes 9, 7; Dan 7, 14.*
[319] *Vgl 7, 33; 8, 12; 9, 4; 11, 10; 12, 46; 1 Joh 2, 11.*
[320] *Vgl Eph 5, 8.*

50. Unglaube und Verstockung,
Gericht und ewiges Leben

Joh 12, 37–50

37 Obwohl er aber soviele Zeichen tat vor ihnen, glaubten sie nicht an ihn,
38 damit das Wort Jesajas, des Propheten, erfüllt wurde, das er sprach: HERR, WER GLAUBTE UNSERER KUNDE? UND DER ARM DES HERRN, WEM WURDE ER ENTHÜLLT?[321]
39 Deshalb konnten sie nicht glauben, weil wiederum Jesaja sprach:
40 GEBLENDET HAT ER IHRE AUGEN UND VERHÄRTET HAT ER IHR HERZ, DAMIT SIE NICHT SEHEN MIT DEN AUGEN UND ERKENNEN MIT DEM HERZEN

UND SICH UMWENDEN, UND ICH SIE HEILEN WERDE.[322]

41 Dies sprach Jesaja, weil er seine Herrlichkeit sah; und er redete über ihn.[323]

42 Gleichwohl freilich glaubten viele aus den Vorstehern an ihn,[324] doch wegen der Pharisäer bekannten sie (es) nicht, damit sie nicht aus der Synagoge ausgeschlossen würden.[325]
43 Denn sie liebten die Herrlichkeit der Menschen mehr als die Herrlichkeit Gottes.[326]

Mk 4, 10–12

10 Und als er allein war, fragten ihn die um ihn mit den Zwölfen nach den Gleichnissen. 11 Er sagte ihnen: »Euch ist das Geheimnis des Gottesreiches gegeben, jenen aber, denen draußen, geschieht alles in Gleichnissen,

12 daß SIE SEHEND SEHEN UND DOCH NICHT WAHRNEHMEN UND HÖREND HÖREN UND DOCH NICHT VERSTEHEN; VIELLEICHT WERDEN SIE SICH UMWENDEN UND WIRD IHNEN NACHGELASSEN.«

Mt 13, 10–11. 13–15

10 Und die Jünger traten herzu, sprachen zu ihm: »Warum redest du in Gleichnissen zu ihnen?« 11 Er aber antwortete, sprach zu ihnen: »Euch ist gegeben, die Geheimnisse des Himmelreiches zu erkennen, jenen aber ist es nicht gegeben! 13 Deshalb rede ich in Gleichnissen zu ihnen, weil SIE SEHEND NICHT SEHEN UND HÖREND NICHT HÖREN UND NICHT VERSTEHEN. 14 Und es erfüllt sich ihnen die Prophetie Jesajas, die sagt: MIT GEHÖR WERDET IHR HÖREN UND NICHT VERSTEHEN UND SEHEND WERDET IHR SEHEN UND NICHT SEHEN. 15 DENN VERSTOCKT IST DAS HERZ DIESES VOLKES, UND MIT DEN OHREN HÖRTEN SIE SCHWER UND IHRE AUGEN KNIFFEN SIE ZU, DAMIT SIE NICHT SÄHEN MIT DEN AUGEN UND MIT DEN OHREN (NICHT) HÖRTEN UND MIT DEM HERZEN NICHT VERSTÜNDEN UND SICH UMWENDETEN UND ICH SIE GESUND MACHEN WERDE.«

Lk 8, 9–10

9 Es fragten ihn aber seine Jünger, was dieses Gleichnis bedeute.
10 Er aber sprach: »Euch ist gegeben, die Geheimnisse des Gottesreiches zu erkennen, den übrigen aber in Gleichnissen,

daß SIE SEHEND NICHT SEHEN UND HÖREND NICHT VERSTEHEN.«

44 Jesus aber schrie und sprach: »Wer an mich glaubt, glaubt nicht (nur) an mich, sondern an den, der mich geschickt hat.[327] 45 Und wer mich schaut, schaut den, der mich geschickt hat.[328] 46 Ich, ich bin als Licht in die Welt gekommen,[329] damit jeder, der an mich glaubt, nicht in der Finsternis bleibt.[330]
47 Und wenn einer meine Sprüche hört und nicht beobachtet,[331] ich, ich richte ihn nicht; denn ich kam nicht, damit ich die Welt richte, sondern damit ich die Welt rette.[332]

48 Wer mich abweist[333] und meine Sprüche nicht (an)nimmt, hat seinen Richter! Das Wort, das ich geredet habe, jenes wird ihn richten am letzten Tag.
49 Denn ich, ich habe nicht aus mir geredet, vielmehr der Vater, der mich geschickt hat, er selbst hat mir ein Gebot gegeben, was ich sprechen und sagen soll.[334] 50 Und ich weiß, daß sein Gebot ewiges Leben ist. Was *ich* nun rede, wie es mir der Vater gesagt hat, so rede ich.«[335]

---

[321] *Jes 53, 1; vgl Röm 10, 16.*
[322] *Jes 6, 10.*
[323] *Vgl Jes 6, 1.*
[324] *Vgl 2, 23; 7, 31. 48; 8, 30; 10, 42; 11, 45; 12, 11.*
[325] *Vgl 9, 22.*
[326] *Vgl 5, 44.*
[327] *Vgl 5, 24; Mt 10, 40.*

[328] *Vgl 14, 9.*
[329] *Vgl 3, 19; 8, 12; 9, 5.*
[330] *Vgl 12, 35.*
[331] *Vgl Mt 7, 26a:* »Und jeder, der diese meine Worte hört und sie nicht tut …«; *Lk 6, 49a:* »Wer aber hörte und nicht tat …«.
[332] *Vgl 3, 17; 8, 15.*

[333] *Vgl Lk 10, 16b:* »Und wer euch abweist, weist mich ab. Wer aber mich abweist, weist ab den, der mich gesandt hat.«
[334] *Vgl 7, 17.*
[335] *Vgl 8, 26. 28.*

51. Das letzte Mahl

Joh 13, 1–20	*Mk 14, 12. 17–18a. 10. 18b; 9, 37*	*Mt 26, 17. 20–21a. 14–15a; 10, 24; 26, 21b; 10, 40*	*Lk 22, 7. 14. 3–4; 6, 40; 10, 16*
1 Vor dem Pascha-Fest aber	12 Und am ersten Tag (des) Festes der ungesäuerten Brote, als sie das Paschalamm schlachteten ...	17 Am ersten (Tag) aber (des Festes) der ungesäuerten Brote ...	7 Es kam aber der Tag der ungesäuerten Brote, an dem das Paschalamm geschlachtet werden mußte.
wußte Jesus, daß gekommen war seine Stunde,[336] daß er hinüberschritte aus dieser Welt zum Vater;[337] da er die Eigenen, die in der Welt, liebte, liebte er sie bis zum Ende.	[Vgl 14, 41]	[Vgl 26, 45]	14 Und als die Stunde ward,
2 Und da ein Mahl stattfand,	17 Und da es Abend geworden, kommt er mit den Zwölfen. 18 Und da sie zu Tisch lagen und aßen ...	20 Da es Abend geworden, lag er zu Tisch mit den Zwölfen. 21 Und da sie aßen ...	ließ er sich nieder, und die Apostel mit ihm.
und da der Teufel schon ins Herz geworfen hatte, daß ihn ausliefere Judas, Simons (Sohn), des Iskariot,[338]	10 Und Judas Iskariot, der eine der Zwölf, war fortgegangen zu den Hohenpriestern, um ihn ihnen auszuliefern.	14 Dann zog hin einer der Zwölf, der genannte Judas Iskariot, zu den Hohenpriestern, 15a sprach: »Was wollt ihr mir geben, und ich werde euch ihn ausliefern?«	3 Einfuhr aber Satan in Judas, der gerufen wird Iskariot, der aus der Zahl der Zwölf war. 4 Und er ging fort, redete mit den Hohenpriestern und Hauptleuten darüber, wie er ihn ihnen ausliefere.
3 er wußte, daß alles gegeben hatte ihm der Vater in die Hände[339] und daß er von Gott ausgegangen war und zu Gott hingehe,[340]			
4 richtet er sich auf vom Mahl und legt die Kleider (ab) und nahm ein Leinentuch, umgürtete sich.			[Vgl 12, 37]
5 Darauf gießt er Wasser in das Waschbecken und fing an, zu waschen die Füße der Jünger und (sie) abzutrocknen[341] mit dem Leinentuch, mit dem er umgürtet war.			[Vgl 22, 27]
6 Er kommt nun zu Simon Petrus. Er sagt ihm: »Herr, du, du wäschst mir die Füße?« 7 Jesus antwortete und sprach zu ihm: »Was *ich* tue, kennst *du* nun nicht, wirst es aber hernach erkennen!«[342] 8 Es sagt ihm Petrus: »Nicht sollst du meine Füße waschen in Ewigkeit!« Jesus antwortete ihm: »Wenn ich dich nicht wasche, hast du keinen Teil mit mir!« 9 Es sagt ihm Simon Petrus: »Herr, nicht die Füße allein, sondern auch die Hände und den Kopf!«			
10 Es sagt ihm Jesus: »Wer gebadet ist, hat nicht nötig, sich zu waschen, außer die Füße, sondern ist ganz rein. Auch *ihr* seid rein,[343] aber nicht alle!«			

---

[336] *Vgl 12, 33; 17, 1.*
[337] *Vgl 16, 28.*
[338] *Vgl 13, 27.*
[339] *Vgl Mt 11, 27; Lk 10, 22; Joh 3, 35.*
[340] *Vgl 16, 28.*
[341] *Vgl 12, 3; Lk 7, 44.*
[342] *Vgl 13, 12.*
[343] *Vgl 15, 3.*

11 Denn er kannte den, der ihn ausliefern sollte.[344] Deshalb sprach er: »Nicht alle seid ihr rein!«
12 Als er nun ihre Füße gewaschen hatte, nahm er seine Kleider und ließ sich wiederum nieder; er sprach zu ihnen: »Erkennt ihr, was ich euch getan habe?
13 Ihr ruft mich ›Lehrer‹ und ›Herr‹, und trefflich sagt ihr (so); denn ich bin's.
14 Wenn nun *ich* eure Füße gewaschen habe, der Herr und der Lehrer,[345] schuldet auch *ihr*, einander die Füße zu waschen.[346] 15 Denn ein Beispiel habe ich euch gegeben, damit, wie *ich* euch getan, auch *ihr* tut.[347]
16 Amen, amen, ich sage euch: Nicht ist ein Sklave größer als sein Herr, noch ein Apostel größer, als der ihn geschickt hat.[348]
17 Wenn ihr dies wißt, selig seid ihr, wenn ihr dies tut. 18 Nicht über euch alle sage ich: ›Ich, ich weiß, welche ich erwählt habe.‹ Vielmehr, damit die Schrift erfüllt würde: DER MEIN BROT VERZEHRT, HAT GEGEN MICH SEINE FERSE ERHOBEN.[349]
19 Von nun an sage ich (es) euch, bevor es geschieht, damit ihr glaubt, wenn es geschieht, daß *ich* (es) bin.[350]
20 Amen, amen, ich sage euch: Wer (an)nimmt, wen immer ich schicke, nimmt mich (an)! Wer aber mich (an)nimmt, nimmt den (an), der mich geschickt hat!«[351]

[Vgl Mt 23, 7f; 7, 22f]

[Vgl Lk 22, 14]

10, 24 »Nicht ist ein Jünger über dem Lehrer, noch ein Sklave über seinem Herrn.«

6, 40 »Nicht ist ein Jünger über dem Lehrer. Ausgebildet aber wird jeder sein wie sein Lehrer.«

18b »Amen, ich sage euch: Einer von euch wird mich ausliefern, DER MIT MIR ISST!«

26, 21b »Amen, ich sage euch: Einer von euch wird mich ausliefern!«

9, 37 »Wer immer eines solcher Kinder aufnimmt auf meinen Namen hin, nimmt mich auf! Und wer mich aufnimmt, nimmt nicht mich auf, sondern den, der mich gesandt hat!«

10, 40 »Wer euch aufnimmt, nimmt mich auf! Und wer mich aufnimmt, nimmt den auf, der mich gesandt hat!«[352]

10, 16 »Wer auf euch hört, hört auf mich und wer euch abweist, weist mich ab! Wer aber mich abweist, weist ab den, der mich gesandt hat!«[353]

---

[344] *Vgl 6, 64. 71f.*
[345] *Vgl Lk 22, 24–27:* »Es entstand aber ein Streit unter ihnen, wer von ihnen gelte, größer zu sein. 25 Er aber sprach zu ihnen: ›Die Könige der Völker herrschen über sie, und ihre Machthaber werden Wohltäter gerufen. 26 Ihr aber nicht so! Vielmehr: Der Größere unter euch werde wie der Jüngere und der Führende wie der Dienende! 27 Denn wer ist größer: Der zu Tisch Liegende oder der (Be)Dienende? Nicht der zu Tisch Liegende? Ich aber bin in eurer Mitte wie der Dienende!« *Vgl auch Mk 10, 41–45; Mt 20, 24–28.*
[346] *Vgl 1 Tim 5, 10.*
[347] *Vgl Phil 2, 5; 1 Petr 2, 21.*
[348] *Vgl 15, 20.*
[349] *Ps 41, 9.*
[350] *Vgl 8, 24. 28; 14, 29; 16, 4.*
[351] *Vgl 12, 48.*
[352] *Vgl Mt 18, 5:* »Und wer immer ein solches Kind aufnimmt auf meinen Namen hin, nimmt mich auf!«
[353] *Vgl Lk 9, 48b:* »Wer immer dieses Kind aufnimmt auf meinen Namen hin, nimmt mich auf! Und wer mich aufnimmt, nimmt den auf, der mich gesandt hat! Denn wer als Kleinerer unter euch allen (da) ist, dieser ist groß!«

52. Die Entlarvung des Verräters

Joh 13, 21–30	*Mk 14, 18–20*	*Mt 14, 21–23. 25*	*Lk 22, 23. 21. 3*
21 Da er dies gesprochen, erregte sich Jesus im Geist und bezeugte und sprach: »Amen, amen, ich sage euch: Einer von euch wird mich ausliefern!« *[Vgl 13, 18]* 22 Die Jünger blickten einander an, waren verlegen, über wen er (es) sage. 23 Es lag aber zu Tisch einer aus seinen Jüngern an der Brust Jesu, den Jesus liebte.³⁵² 24 Simon Petrus nun nickt diesem zu, zu erkunden, wer es sei, über den er (es) sage.* 25 Jener nun ließ sich an Jesu Brust nieder, sagt ihm: »Herr, wer ist (es)?«³⁵³ 26 Jesus antwortete: »Jener ist (es), für den ich den Bissen (ein)tauche** und ihm gebe.« Da er nun den Bissen (ein)getaucht, gibt er (ihn) Judas, (dem des) Simon Iskariot.	18 Und da sie zu Tisch lagen und aßen, sprach Jesus: »Amen, ich sage euch: Einer von euch wird mich ausliefern, DER MIT MIR ISST!« 19 Und sie fingen an, sich zu betrüben und zu sagen ihm, einer um den anderen: »Doch nicht ich!«	21 Und da sie aßen, sprach er: »Amen, ich sage euch: Einer von euch wird mich ausliefern!« 22 Und sehr betrübt, fingen sie an, zu sagen ihm, jeder einzelne: »Doch nicht ich bin's, Herr?«	23 Und sie, sie fingen an, zu diskutieren miteinander darüber, wer also es sei von ihnen, der dies verüben werde.
	20 Er aber sprach zu ihnen: »Einer der Zwölf, der mit mir in die Schüssel taucht!«	23 Er aber antwortete, sprach: »Der mit mir die Hand in die Schüssel taucht, dieser wird mich ausliefern!« 25 Antwortete aber Judas, der ihn ausliefern sollte, sprach: »Doch nicht ich bin's Rabbi?« Er sagt ihm: »Du sprachst (es)!«	21 »Jedoch siehe, die Hand dessen, der mich ausliefert, (ist) mit mir auf dem Tisch.«
27 Und nach dem Bissen, dann fuhr ein in jenen der Satan.³⁵⁴ Es sagt nun zu ihm Jesus: »Was du tust, tue rasch!« 28 Dies aber erkannte niemand der zu Tisch Liegenden, wozu er (dies) zu ihm sprach. 29 Einige nämlich meinten, da Judas die Kasse hatte,³⁵⁵ daß Jesus ihm sagt: »Kaufe, was wir nötig haben, für das Fest!«, oder er solle den Armen etwas geben.³⁵⁶ 30 Da nun jener den Bissen genommen, ging er gleich hinaus. Es war aber Nacht.			3 Einfuhr aber der Satan in Judas, der gerufen wird Iskariot, der aus der Zahl der Zwölf war.
	[Vgl weiter Mk 14, 21]	*[Vgl weiter Mt 26, 24]*	*[Vgl weiter Lk 22, 22]*

---

* In der Textüberlieferung ist die Erkundigung in mancherlei Variationen formuliert.
³⁵² *Vgl 19, 26; 20, 2; 21, 7. 20.*

** Manche Textzeugen formulieren präterital.
³⁵³ *Vgl 21, 20.*
³⁵⁴ *Vgl 13, 2.*

³⁵⁵ *Vgl 12, 6.*
³⁵⁶ *Vgl 12, 5.*

53. Abschiedsrede Jesu

Joh 13, 31–35

31 Als er nun hinausging, sagt Jesus:
»Jetzt wurde verherrlicht der Menschensohn, und Gott wurde verherrlicht durch ihn. 32 Wenn Gott verherrlicht wurde durch ihn,* wird auch Gott ihn verherrlichen durch sich, und gleich wird er ihn verherrlichen.[357]
33 Kinder, noch kurze (Zeit) bin ich bei euch. Ihr werdet mich suchen, und wie ich sprach zu den Juden: ›Wo *ich* hingehe, könnt *ihr* nicht (hin)kommen‹, sage ich auch euch nun.[358]

34 Ein neues Gebot gebe ich euch:[359]
Ihr sollt einander lieben. Wie ich euch geliebt habe, sollt auch *ihr* einander lieben.[360] 35 Daran werden alle erkennen, daß ihr mir Jünger seid, wenn ihr Liebe habt untereinander.«[361]

54. Voraussage der Verleugnung des Petrus

Joh 13, 36–38	*Mk 14, 29–31*	*Mt 26, 33–35*	*Lk 22, 33–34*
36 Es sagt ihm Simon Petrus: »Herr, wo gehst du hin?«[362] Jesus antwortete: »Wo ich hingehe, kannst du mir jetzt nicht folgen; du wirst aber später folgen.«[363] 37 Es sagt ihm Petrus: »Herr, warum kann ich dir nun nicht folgen? Mein Leben werde ich für dich einsetzen!« 38 Jesus antwortet: »Dein Leben wirst du für mich einsetzen? Amen, amen, ich sage dir: (Der) Hahn wird nicht rufen, bis du mich dreimal verleugnen wirst!«	29 Petrus aber sagte zu ihm: »Wenn auch alle Anstoß nehmen, aber nicht ich!« 30 Und es sagt ihm Jesus: »Amen, ich sage dir: Du, heute in dieser Nacht, ehe der Hahn zweimal ruft, wirst du mich dreimal verleugnen.« 31 Er aber redete überschwenglich: »Wenn ich zusammen (mit) dir sterben müßte, nie werde ich dich verleugnen.« Ebenso aber sagten auch alle.	33 Antwortete aber Petrus, sprach zu ihm: »Wenn alle Anstoß nehmen an dir, ich werde niemals Anstoß nehmen!« 34 Sagte zu ihm Jesus: »Amen, ich sage dir: In dieser Nacht, ehe der Hahn ruft, wirst du mich dreimal verleugnen.« 35 Es sagt ihm Petrus: »Auch wenn ich mit dir sterben müßte, nie werde ich dich verleugnen.« Desgleichen sprachen auch alle Jünger.	33 Er aber sprach zu ihm: »Herr, mit dir bin ich bereit, auch ins Gefängnis und in den Tod zu ziehen!« 34 Er aber sprach: »Ich sage dir, Petrus, nicht wird rufen heute der Hahn, bis du mich dreimal verleugnen wirst, (mich) zu kennen.«

---

* V 32a fehlt in einer Anzahl von Handschriften.
[357] Vgl 12, 23; 17, 1. 5.
[358] Vgl 7, 33 f; 8, 21.

[359] Vgl 1 Joh 2, 8; 2 Joh 5.
[360] Vgl 15, 12. 17; 1 Joh 3, 23.
[361] Vgl 1 Joh 3, 14.

[362] Vgl 7, 35.
[363] Vgl 7, 34. 36.

55. Fortgang der Abschiedsrede – Vom Hingang zum Vater

Joh 14, 1–14

1 Nicht errege sich euer Herz![364] Glaubt an Gott[365] und an mich glaubt!
2 Im Haus meines Vaters sind viele Bleiben. Wenn aber nicht, hätte ich zu euch gesprochen, daß ich hinziehe, einen Platz zu bereiten für euch?«[366]
3 Und wenn ich hingezogen bin und einen Platz bereitet habe für euch, wiederum komme ich und werde euch mitnehmen zu mir,[367] damit, wo *ich* bin, auch *ihr* seid.[368] 4 Und wohin *ich* hingehe, wißt ihr den Weg.*«
5 Es sagt ihm Thomas: »Herr, wir wissen nicht, wo du hingehst! Wie können wir den Weg kennen?«
6 Es sagt ihm Jesus: »Ich, ich bin der Weg und die Wahrheit und das Leben. Niemand kommt zum Vater, außer durch mich. 7 Wenn ihr mich erkannt habt, werdet** ihr auch meinen Vater erkennen.[369] Und von nun an erkennt ihr ihn und habt ihn gesehen.«
8 Es sagt ihm Philippus: »Herr, zeige uns den Vater, und es genügt uns!«

9 Es sagt ihm Jesus: »Soviel Zeit bin ich bei euch, und du hast mich nicht erkannt, Philippus? Wer mich gesehen hat, hat den Vater gesehen.[370] Wieso sagst du: ›Zeige uns den Vater‹? 10 Glaubst du nicht, daß *ich* im Vater (bin) und der Vater in mir ist?[371]
Die Sprüche, die ich euch sage, rede ich nicht von mir aus.[372] Der Vater aber, der in mir bleibt, tut seine Werke. 11 Glaubt mir, daß *ich* im Vater (bin) und der Vater in mir (ist). Wenn aber nicht, glaubt um der Werke selbst willen![373]
12 Amen, amen, ich sage euch: Wer an mich glaubt, die Werke, die ich tue, wird auch jener tun, und größere als diese wird er tun, weil ich zum Vater hinziehe.[374] 13 Und um was ihr in meinem Namen bitten werdet, dies werde ich tun,[375] damit der Vater durch den Sohn verherrlicht wird.[376]
14 Wenn ihr mich um etwas bitten werdet in meinem Namen, werde ich (es) tun.***

56. Vom Parakleten

Joh 14, 15–31 (Mk 14, 42; Mt 26, 46)

15 Wenn ihr mich liebt, werdet** ihr meine Gebote bewahren.[377] 16 Und *ich* werde den Vater bitten, und einen anderen Parakleten wird er euch geben,[378] damit er bei euch sei in Ewigkeit, 17 den Geist der Wahrheit,[379] den die Welt nicht (an)nehmen kann, weil sie ihn nicht schaut und nicht erkennt. *Ihr* erkennt ihn, weil er bei euch bleibt und in euch sein wird.
18 Ich lasse euch nicht als Waisen (zurück), ich komme zu euch.[380]
19 Noch kurze (Zeit), und die Welt schaut mich nicht mehr, ihr aber, ihr schaut mich, weil *ich* lebe und *ihr* leben werdet.[381] 20 An jenem Tag aber werdet *ihr* erkennen, daß *ich* in meinem Vater (bin) und *ihr* in mir und *ich* in euch.[382]
21 Wer meine Gebote hat und sie bewahrt, jener ist's, der mich liebt.[383]
Wer aber mich liebt, geliebt werden wird er von meinem Vater,[384] und *ich* werde ihn lieben und mich ihm offenbaren.«
22 Es sagt ihm Judas, nicht der Iskariot: »Herr, was ist geschehen, daß du dich selbst uns offenbaren willst und nicht der Welt?«[385]
23 Jesus antwortete und sprach zu ihm: »Wenn einer mich liebt, wird er mein Wort bewahren, und mein Vater wird ihn lieben, und zu ihm werden wir kommen

und Bleibe bei ihm machen. 24 Wer mich nicht liebt, bewahrt meine Worte nicht. Und das Wort, das ihr hört, ist nicht (nur) meines, sondern das des Vaters, der mich geschickt hat.[386]
25 Dies habe ich zu euch geredet, da ich bei euch blieb. 26 Der Paraklet aber, der Heilige Geist, den der Vater in meinem Namen schicken wird,[387] jener wird euch alles lehren und euch an alles erinnern, was ich zu euch sprach.
27 Frieden lasse ich euch (zurück), meinen Frieden gebe ich euch.[388] Nicht wie die Welt (ihn) gibt, gebe *ich* euch. Nicht errege sich euer Herz,[389] noch verzage es.
28 Ihr habt gehört, daß *ich* zu euch sprach: ›Ich gehe hin und komme zu euch.‹[390] Wenn ihr mich liebtet, würdet ihr euch freuen, daß ich hinziehe zum Vater,[391] weil der Vater größer ist als ich. 29 Und jetzt habe ich (es) euch gesagt, bevor (es) geschieht, damit, wenn (es) geschieht, ihr glaubt.[392]
30 Ich werde nicht mehr viel mit euch reden; denn es kommt der Fürst der Welt.[393] Und an mir hat er nichts, 31 vielmehr, damit die Welt erkennt, daß ich den Vater liebe und so tue, wie mir der Vater geboten hat.[394]

31b Richtet euch auf! Gehen wir von hier!

Mk 14, 42 »Richtet euch auf! Gehen wir! Siehe, der mich ausliefert, ist nahegekommen!«

Mt 26, 46: »Richtet euch auf! Gehen wir! Siehe, nahegekommen ist, der mich ausliefert!«

---

* »den Weg« fehlt in einigen Handschriften.
** Andere Handschriften formulieren präterital.
*** V 14 ist in den Textzeugen z. T. ausgelassen, z. T. versetzt, z. T. anders formuliert.

[364] *Vgl 14, 27.*
[365] *Vgl Mk 11, 22.*
[366] *Vgl 13, 33.*
[367] *Vgl 14, 28.*
[368] *Vgl 12, 26; 17, 24.*
[369] *Vgl 12, 45; Kol 1, 15; Hebr. 1, 3.*
[370] *Vgl 12, 45; Kol 1, 15; Hebr. 1, 3.*
[371] *Vgl 10, 38; 14, 20; 17, 21.*
[372] *Vgl 12, 49; 14, 24.*
[373] *Vgl 10, 37f.*
[374] *Vgl 7, 33; 13, 1; 14, 28.*
[375] *Vgl 15, 16; 16, 23.*
[376] *Vgl 13, 31f; 17, 1.*
[377] *Vgl 15, 10; 1 Joh 5, 3; 2 Joh 6.*
[378] *Vgl 14, 26; 15, 26; 16, 7.*
[379] *Vgl 15, 26; 16, 13.*
[380] *Vgl 14, 3. 28.*
[381] *Vgl 7, 33-36; 6, 57; 16, 16.*
[382] *Vgl 10, 38; 14, 10f; 17, 21-23.*
[383] *Vgl 15, 10; 1 Joh 5, 3; 2 Joh 6.*
[384] *Vgl 16, 27.*
[385] *Vgl 7, 4.*
[386] *Vgl 7, 16; 14, 10.*
[387] *Vgl 14, 16; 15, 26; 16, 7.*
[388] *Vgl 16, 33.*
[389] *Vgl 14, 1.*
[390] *Vgl 14, 3; 16, 16. 17.*
[391] *Vgl 13, 1; 14, 12; 16, 10. 17. 28; 20, 17.*
[392] *Vgl 13, 19.*
[393] *Vgl 12, 31; 16, 11.*
[394] *Vgl 12, 49; 15, 10.*

57. Fortgang der Abschiedsrede – Der wahre Weinstock

Joh 15, 1–10

1 Ich, ich bin der wahre Weinstock, und mein Vater ist der Winzer.
2 Jeden Rebzweig an mir, der keine Frucht bringt, er nimmt ihn weg;[395] und jeden, der Frucht bringt, er reinigt ihn, damit er mehr Frucht bringt.
3 Ihr, ihr seid schon rein[396] durch das Wort, das ich zu euch geredet habe.
4 Bleibt in mir, und ich (bleibe) in euch.[397] Wie der Rebzweig nicht Frucht bringen kann von sich selbst, wenn er nicht am Weinstock bleibt, so auch ihr nicht, wenn ihr nicht in mir bleibt.
5 Ich, ich bin der Weinstock, ihr die Rebzweige.[398] Wer in mir bleibt und in wem ich (bleibe), dieser bringt viele Frucht;[399] denn ohne mich könnt ihr nichts tun.[400]

6 Wenn einer nicht in mir bleibt, wird er nach draußen geworfen wie der Rebzweig und verdorrt. Man sammelt sie und wirft sie ins Feuer, und sie verbrennen.[401] 7 Wenn ihr in mir bleibt und meine Sprüche in euch bleiben, was immer ihr wollt, erbittet, und es wird euch geschehen.[402] 8 Dadurch wird mein Vater verherrlicht, daß ihr viel Frucht bringt und mir Jünger werdet.[403] 9 Wie mich der Vater geliebt hat, habe auch *ich* euch geliebt. Bleibt in meiner Liebe! 10 Wenn ihr meine Gebote bewahrt, werdet ihr in meiner Liebe bleiben,[404] wie *ich* die Gebote meines Vaters bewahrt habe und in seiner Liebe bleibe.

58. Vom Gebot der Liebe

Joh 15, 11–17

11 Dies habe ich zu euch geredet, damit meine Freude in euch sei und eure Freude erfüllt werde.[405] 12 Dies ist mein Gebot, daß ihr einander liebt, wie ich euch geliebt habe.[406] 13 Eine größere Liebe als diese hat niemand, daß einer sein Leben einsetzt für seine Freunde.[407]
14 *Ihr* seid meine Freunde,[408] wenn ihr tut, was *ich* euch gebiete.
15 Ich nenne euch nicht mehr Knechte, weil der Knecht nicht weiß, was sein

Herr tut. Euch aber habe ich Freunde genannt, weil ich alles, was ich vom Vater gehört habe, euch kundgemacht habe.
16 Nicht habt *ihr* mich erwählt, sondern *ich* habe euch erwählt.[409] Und ich habe euch eingesetzt, daß *ihr* hingeht und Frucht bringt[410] und eure Frucht bleibe, damit, um was ihr auch den Vater in meinem Namen bittet, er euch gebe.[411]
17 Dies gebiete ich euch: Liebt einander!«[412]

59. Vom Haß der Welt

Joh 15, 18–25

18 Wenn die Welt euch haßt,[413] erkennt, daß sie mich eher als euch gehaßt hat.[414]
19 Wenn ihr aus der Welt wäret, würde die Welt das Eigene liebhaben.[415] Weil ihr aber nicht aus der Welt seid, sondern *ich* euch aus der Welt erwählt habe, deshalb haßt euch die Welt.[416] 20 Denkt an das Wort, das *ich* zu euch sprach: ›Nicht ist ein Sklave größer als sein Herr!‹[417] Wenn sie mich verfolgt haben, werden sie auch euch verfolgen. Wenn sie mein Wort bewahrt haben, werden sie auch das eurige bewahren. 21 Aber dieses alles werden sie euch (an)tun um meines Namens willen,[418] weil sie den nicht kennen, der mich geschickt hat.[419]

22 Wenn ich nicht gekommen wäre und zu ihnen geredet hätte, hätten sie keine Sünde.[420] Jetzt aber haben sie keinen Vorwand für ihre Sünde.
23 Wer mich haßt, haßt auch meinen Vater.[421]
24 Wenn ich nicht die Werke unter ihnen getan hätte, die kein anderer getan hat, hätten sie keine Sünde.[422] Jetzt aber haben sie geschaut und (doch) sowohl mich als auch meinen Vater gehaßt.
25 Jedoch: Damit das Wort erfüllt würde, das in ihrem Gesetz geschrieben steht: SIE HASSTEN MICH UMSONST![423]

60. Erneut vom Parakleten

Joh 15, 26–27

26 Wenn der Paraklet kommt, den *ich* euch schicke vom Vater, der Geist der Wahrheit, der vom Vater hinauszieht,[424] wird jener über mich zeugen.

27 Auch *ihr* aber zeugt, weil ihr von Anfang an bei mir seid.[425]

---

[395] *Vgl Mt 3, 10b/Lk 3, 9b:* »Jeder Baum nun, der keine gute Frucht bringt, wird ausgeschlagen und ins Feuer geworfen.« *Mt 15, 13b:* »Jede Pflanze, die nicht mein himmlischer Vater gepflanzt hat, wird ausgerissen werden.« *Vgl auch Tomasevangelium 40.*
[396] *Vgl 13, 10.*   [397] *Vgl 6, 56.*
[398] *Vgl 1 Kor 12, 12.27.*   [399] *Vgl 15, 16.*
[400] *Vgl 2 Kor 3, 5.*
[401] *Vgl Mt 3, 10 par; 7, 19; 13, 41f.:* »Senden wird der Menschensohn seine Engel, und sie werden zusammen-

lesen aus seinem Reich alle die Anstöße und die Gesetzlosigkeit Wirkenden 42 und sie werden sie werfen in den Feuerofen.«
[402] *Vgl Mk 11, 24; Mt 21, 22; Joh 14, 13; 16, 23.*
[403] *Vgl Mt 5, 16.*   [404] *Vgl 14, 15; 1 Joh 2, 5; 5, 3.*
[405] *Vgl 17, 13; 1 Joh 1, 4.*
[406] *Vgl 13, 34; 1 Joh 3, 11. 23; 2 Joh 5.*
[407] *Vgl 10, 11; 1 Joh 3, 16.* [408] *Vgl Lk 12, 4.*
[409] *Vgl 6, 70; 13, 18.*   [410] *Vgl 15, 5.*
[411] *Vgl 14, 13. 14; 16, 23.*   [412] *Vgl Anm. 406.*

[413] *Vgl Mk 13, 13; Mt 10, 22; 24, 9; Lk 6, 22.*
[414] *Vgl 7, 7.*   [415] *Vgl 1 Joh 4, 5.*
[416] *Vgl 17, 14.*   [417] *Vgl 13, 16.*
[418] *Vgl Mt 5, 11; Lk 6, 22; Mk 13, 13; Mt 24, 9; Lk 21, 17.*
[419] *Vgl 16, 3.*   [420] *Vgl 9, 41.*
[421] *Vgl Lk 10, 16; Joh 5, 23; 1 Joh 2, 23.*
[422] *Vgl 14, 11; 9, 41.*   [423] *Ps 35, 19; 69, 4.*
[424] *Vgl 14, 26.*
[425] *Vgl Lk 1, 2; Apg 1, 8. 21f; 5, 32; 1 Joh 4, 14.*

61. Fortgang der Abschiedsrede – Von Verfolgungen

Joh 16, 1-4a

1 Dies habe ich zu euch geredet, damit ihr nicht Anstoß nehmt.[426]
2 Sie werden euch aus den Synagogen ausstoßen.[427] Vielmehr: Es kommt die Stunde, da jeder, der euch tötet, meint, Gott eine Verehrung darzubringen.

3 Und dies werden sie tun, weil sie weder den Vater noch mich erkannt haben.[428]
4a Aber dies habe ich zu euch geredet, daß ihr, wenn ihre Stunde kommt, an sie denkt, weil *ich* zu euch gesprochen habe.[429]

62. Erneut vom Parakleten

Joh 16, 4b-15

4b Dies aber habe ich von Anfang an nicht zu euch gesprochen, weil ich bei euch war. 5 Jetzt aber gehe ich hin zu dem, der mich geschickt hat,[430] und niemand aus euch fragt mich: ›Wo gehst du hin?‹[431] 6 Vielmehr, weil ich dies zu euch geredet habe, hat die Betrübnis euer Herz erfüllt.[432] 7 Aber ich, ich sage euch die Wahrheit: Es nützt euch, daß ich fortgehe. Denn wenn ich nicht fortgehe, wird der Paraklet nicht zu euch kommen. Wenn ich aber hinziehe, werde ich ihn zu euch schicken.[433] 8 Und gekommen, wird jener die Welt überführen über Sünde und über Gerechtigkeit und über Gericht.[434] 9 Über Sünde zwar, daß sie nicht an mich glauben[435], 10 über Gerechtigkeit aber, daß ich zum Vater gehe[436] und ihr mich nicht mehr schaut; 11 über Gericht aber, daß der Fürst dieser Welt gerichtet ist.[437]

12 Noch vieles habe ich euch zu sagen, aber ihr könnt es nicht tragen nun.[438]
13 Wenn aber jener kommt, der Geist der Wahrheit,[439] wird er euch den Weg führen in aller Wahrheit.[440] Denn er wird nicht von sich selbst aus reden, vielmehr, was er hören wird, wird er reden und die kommenden (Dinge) wird er euch melden. 14 Jener wird mich verherrlichen, weil er aus dem Meinigen nehmen und euch melden wird.
15 Alles, was der Vater hat, ist mein.[441] Deshalb sprach ich zu euch, daß er aus dem Meinigen nehmen und euch melden wird.

63. Erneut vom Hingang zum Vater

Joh 16, 16-20

16 Kurze (Zeit), und ihr schaut mich nicht mehr! Und wiederum kurze (Zeit), und ihr werdet mich sehen. «[442]
17 Es sprachen nun (einige) aus seinen Jüngern zueinander: »Was bedeutet dies, das er uns sagt: ›Kurze (Zeit), und ihr schaut mich nicht, und wiederum kurze (Zeit); und ihr werdet mich sehen‹? Und: ›Ich gehe hin zum Vater‹?«
18 Sie sagten nun: »Was bedeutet dies, das ›kurze (Zeit)‹? Wir wissen nicht, was er redet!«

19 Jesus erkannte, daß sie ihn fragen wollten, und sprach zu ihnen: »Über dieses diskutiert ihr miteinander, daß ich sprach: ›Kurze (Zeit), und ihr schaut mich nicht, und wiederum kurze (Zeit), und ihr werdet mich sehen‹?
20 Amen, amen, ich sage euch: Ihr werdet weinen und klagen, die Welt aber wird sich freuen! Ihr werdet betrübt sein, aber eure Betrübnis wird zu Freude werden!

---

[426] *Vgl Mk 4, 17 parr; 14, 27. 29 parr; Mt 24, 10.*
[427] *Vgl 9, 22.*
[428] *Vgl 15, 21.*
[429] *Vgl 13, 19.*
[430] *Vgl 7, 33.*
[431] *Vgl 13, 36; 14, 5.*

[432] *Vgl 16, 22.*
[433] *Vgl 14, 16. 26; 15, 26.*
[434] *Vgl Apg 24, 25.*
[435] *Vgl 5, 38; 6, 36. 64; 7, 5; 10, 26; 12, 37.*
[436] *Vgl 13, 1; 14, 12. 28; 16, 28; 20, 17.*
[437] *Vgl 12, 31; 14, 30.*

[438] *Vgl 1 Kor 3, 1.*
[439] *Vgl 14, 17; 15, 26.*
[440] *Vgl 14, 26; 1 Joh 2, 27.*
[441] *Vgl 17, 10.*
[442] *Vgl 14, 19.*

64. Ein Bildwort

Joh 16, 21–24

21 Die Frau, wenn sie gebiert, hat Betrübnis,[443] weil gekommen ist ihre Stunde. Wenn sie aber das Kind geboren hat, denkt sie nicht mehr an die Drangsal wegen der Freude, daß ein Mensch in die Welt geboren wurde.
22 Auch *ihr* nun: Jetzt habt ihr Betrübnis. Wiederum aber werde ich euch sehen, und euer Herz wird sich freuen,[444] und eure Freude nimmt niemand von euch.

23 Und an jenem Tage werdet ihr mich nichts fragen. Amen, amen, ich sage euch: Um was ihr den Vater in meinem Namen bitten werdet, wird er euch geben.[445]
24 Bis nun habt ihr um nichts in meinem Namen gebeten. Bittet, und ihr werdet empfangen[446], damit eure Freude erfüllt ist.[447]

65. Offene Rede – Ankündigung der Jüngerflucht

Joh 16, 25–33	*Mk 4, 33; 8, 32 a; 14, 27–28*	*Mt 13, 34 a; 26, 31–32*
25 Dies habe ich in Bildworten zu euch geredet.[448] Es kommt die Stunde, wann ich nicht mehr in Bildworten zu euch reden werde, vielmehr, frei heraus werde ich euch über den Vater melden.	33 Und mit vielen derartigen Gleichnissen redete er zu ihnen das Wort, wie sie hören konnten.	34 a Dies alles redete Jesus in Gleichnissen zu den Scharen.
26 An jenem Tage werdet ihr in meinem Namen bitten, und ich sage euch nicht, daß ich den Vater für euch fragen werde.	*[Vgl 8, 32 a]*	
27 Denn er selbst, der Vater, hat euch lieb,[449] weil ihr mich liebgehabt und geglaubt habt, daß ich von Gott* ausgegangen bin.[450]		
28 Ausgegangen bin ich vom Vater und in die Welt gekommen; wiederum lasse ich die Welt (zurück) und ziehe hin zum Vater.«[451]		
29 Es sagen seine Jünger: »Siehe, jetzt redest du frei heraus und sagst keinerlei Bildwort.	8, 32 a Und frei heraus redete er das Wort.	
30 Jetzt wissen wir, daß du alles weißt und nicht nötig hast, daß dich jemand fragt.[452] Daraufhin glauben wir, daß du von Gott ausgegangen bist.«		
31 Es antwortete ihnen Jesus: »Nun glaubt ihr? 32 Siehe, es kommt die Stunde und ist gekommen,[453] daß ihr zerstreut werdet, jeder in das Eigene, und mich allein laßt. Und ich bin nicht allein, weil mein Vater mit mir ist.[454a] 33 Dies habe ich zu euch geredet,[455] damit ihr durch mich Frieden habt.[456] In der Welt habt ihr Drangsal, doch faßt Mut: Ich, ich habe die Welt besiegt!«[457]	14, 27 Und Jesus sagt ihnen: »Alle werdet ihr Anstoß nehmen! Denn es steht geschrieben: ICH WERDE DEN HIRTEN SCHLAGEN, UND DIE SCHAFE WERDEN ZERSTREUT WERDEN![454] 28 Aber nach meiner Auferweckung werde ich euch voranziehen nach Galiläa!«	26, 31 Dann sagt Jesus ihnen: »Ihr alle, ihr werdet Anstoß nehmen an mir in dieser Nacht! Es steht nämlich geschrieben: ICH WERDE DEN HIRTEN SCHLAGEN, UND ES WERDEN ZERSTREUT WERDEN DIE SCHAFE DER HERDE. 32 Nach meiner Auferweckung aber werde ich euch voranziehen nach Galiläa!«

---

443 Vgl Jes 13, 8; 21, 3; 26, 17; Mich 4, 9; 1 Thess 5, 3.
444 Vgl Jes 66, 14.
445 Vgl 14, 13. 14; 15, 16; 1 Joh 5, 14f.
446 Vgl Mt 7, 7a: »Bittet, und es wird euch gegeben

werden«; *Lk 11, 9a:* »Und *ich* sage euch: Bittet, und es wird euch gegeben werden.«
447 Vgl 15, 11; 1 Joh 1, 4.
* Einige Handschriften lesen wie V 28 »vom Vater«.
448 Vgl 16, 4.
449 Vgl 14, 21. 23.
450 Vgl 3, 2; 8, 42; 13, 3; 17, 8.

451 Vgl 13, 3.
452 Vgl 2, 24f.
453 Vgl 12, 23; 13, 1; 17, 1.
454 Sach 13, 7.

454a Vgl 8, 29.
455 Vgl 16, 4. 25.
456 Vgl 14, 27.
457 Vgl 1 Joh 5, 4.

66. Jesu abschließendes Gebet

Joh 17, 1–26

1 Dies redete Jesus. Und er erhob seine Augen zum Himmel,[458] sprach: »Vater, gekommen ist die Stunde.[459] Verherrliche deinen Sohn, damit der* Sohn dich verherrlicht.[460] 2 Wie du ihm Vollmacht über alles Fleisch gegeben hast,[461] soll er allem, das du ihm gegeben, – ihnen ewiges Leben geben. 3 Dies aber ist das ewige Leben, daß sie dich, den allein wahren Gott, erkennen[462] und, den du gesandt hast, Jesus Christus. 4 Ich habe dich verherrlicht auf Erden,[463] das Werk vollendet, das du mir gegeben hast, daß ich (es) tue.[464] 5 Und jetzt verherrliche *du* mich, Vater, bei dir mit der Herrlichkeit, die ich hatte vor dem Sein der Welt bei dir.[465] 6 Ich habe geoffenbart deinen Namen den Menschen, die du mir aus der Welt gegeben hast.[466] Dein waren sie, und mir gabst du sie, und dein Wort haben sie bewahrt. 7 Jetzt haben sie erkannt, daß alles, was du mir gegeben hast, von dir ist. 8 Denn die Sprüche, die du mir gabst, habe ich ihnen gegeben, und sie, sie nahmen (sie) an; und sie erkannten wahrhaftig, daß ich von dir ausging,[467] und sie glaubten, daß du mich gesandt hast. 9 Ich, ich bitte für sie. Nicht für die Welt bitte ich, sondern für die, die du mir gegeben hast, weil sie dein sind. 10 Und alles meinige ist dein,[468] und das deinige mein;[469] und ich bin verherrlicht durch sie. 11 Und ich bin nicht mehr in der Welt, doch sie, sie sind in der Welt,[470] und ich, ich komme zu dir.[471] Heiliger Vater, bewahre sie in deinem Namen, den** du mir gegeben hast, damit sie eins seien wie wir.[472] 12 Als ich bei ihnen war, habe *ich* sie bewahrt in deinem Namen, den** du mir gegeben hast, und ich habe sie behütet, und niemand von ihnen (ging) verloren,[473] nur der Sohn des Verderbens, damit die Schrift erfüllt würde.[474]

13 Jetzt aber komme ich zu dir, und dies rede ich in der Welt, damit sie meine Freude erfüllt in sich haben.[475] 14 Ich, ich habe ihnen dein Wort gegeben, und die Welt haßte sie, weil sie nicht aus der Welt sind, wie *ich* nicht aus der Welt bin.[476] 15 Ich bitte nicht, daß du sie aus der Welt wegnimmst, sondern, daß du sie bewahrst vor dem Bösen.[477] 16 Aus der Welt sind sie nicht, wie *ich* nicht aus der Welt bin. 17 Heilige sie in der Wahrheit. Dein Wort ist Wahrheit. 18 Wie du mich gesandt hast in die Welt, sende auch *ich* sie in die Welt.[478] 19 Und für sie heilige *ich* mich, damit auch sie geheiligt seien in (der) Wahrheit. 20 Nicht für sie allein aber bitte ich,[479] sondern auch für die, die um ihres Wortes willen an mich Glaubenden, 21 damit alle eins seien[480] wie du, Vater, in mir und ich in dir,[481] damit auch sie in uns*** seien, damit die Welt glaube, daß *du* mich gesandt hast. 22 Und ich, ich habe die Herrlichkeit, die du mir gegeben hast, ihnen gegeben, damit sie eins seien, wie wir eins sind,[482] 23 ich in ihnen und du in mir, damit sie vollendet seien ineins, damit die Welt erkenne, daß du mich gesandt hast und daß du sie geliebt hast, wie du mich geliebt hast. 24 Vater, was** du mir gegeben hast, ich will, daß, wo *ich* bin, auch jene seien mit mir[483], damit sie schauen meine Herrlichkeit[484], die du mir gegeben hast, weil du mich geliebt hast vor Grundlegung der Welt.[485] 25 Gerechter Vater, und die Welt erkannte dich nicht,[486] ich aber, ich erkannte dich,[487] und diese erkannten, daß *du* mich gesandt hast. 26 Und ich machte ihnen deinen Namen kund[487a] und werde kundtun, damit die Liebe, mit der du mich liebtest, in ihnen ist und ich in ihnen (bin).

---

* Viele Handschriften lesen »dein«.

** Viele Handschriften lesen »die«.

*** In zahlreichen Handschriften ist »eins« hinzugefügt.

[458] Vgl 11, 41.   [459] Vgl 12, 23; 13, 1; 16, 32.
[460] Vgl 13, 31f.   [461] Vgl Mt 28, 18.
[462] Vgl Weish 13, 3; 1 Joh 5, 20.
[463] Vgl 13, 31f; 14, 13.
[464] Vgl 4, 34.   [465] Vgl 1, 1f; 8, 58; 17, 24.
[466] Vgl 17, 26.   [467] Vgl 3, 2; 16, 30.
[468] Vgl Lk 15, 31.   [469] Vgl 16, 15.

[470] Vgl 13, 1.   [471] Vgl 13, 1. 3; 16, 28.
[472] Vgl 10, 30; 17, 21.   [473] Vgl 6, 39; 18, 9.
[474] Vgl Ps 41, 9; Ps 109, 4. 5. 7. 8; 1 Thess 2, 3.
[475] Vgl 15, 11; 1 Joh 1, 4.   [476] Vgl 8, 23; 15, 18f.
[477] Vgl Mt 6, 13: »Und bringe uns nicht in Versuchung hinein, sondern errette uns von dem Bösen!«
[478] Vgl 20, 21.   [479] Vgl 17, 9.

[480] Vgl 17, 11.   [481] Vgl 10, 38.
[482] Vgl 17, 11. 21.   [483] Vgl 12, 26.
[484] Vgl 1, 14.   [485] Vgl 17, 5.
[486] Vgl 1, 10; 8, 55.
[487] Vgl 8, 55.
[487a] Vgl 17, 6.

67. Die Gefangennahme Jesu

Joh 18, 1–12	Mk 14, 26. 32. 43–50	Mt 26, 30. 36. 47–57a	Lk 22, 39. 40a. 47–54a
1 Nachdem er dies gesprochen, ging Jesus hinaus mit seinen Jüngern jenseits des Baches Kidron, wo ein Garten war, in den hineinging er selbst und seine Jünger	26 Und da sie (den Hymnus) gesungen, gingen sie hinaus zum Ölberg. 32 Und sie kommen zu einem Landgut, dessen Name: Getsemani.	30 Und da sie (den Hymnus) gesungen, gingen sie hinaus zum Ölberg. 36 Dann kommt Jesus mit ihnen zu einem Landgut, genannt Getsemani.	39 Und hinausgegangen, zog er nach der Gewohnheit an den Ölberg. Es folgten ihm aber auch die Jünger. 40a Angelangt aber an dem Ort ...
2 Es kannte aber auch Judas, der ihn auslieferte, den Ort, weil Jesus sich dort oft mit seinen Jüngern versammelt hatte.			*[Vgl 21, 37]*
3 Judas nun nahm die Kohorte und aus den Hohenpriestern und aus den Pharisäern Diener[488], kommt dort hin mit Fackeln und Lampen und Waffen.	43 Und gleich, noch während er redet, tritt Judas auf, einer der Zwölf, und mit ihm eine Schar mit Schwertern und Knüppeln von den Hohenpriestern und den Schriftgelehrten und den Ältesten. 44 Es hatte aber, der ihn auslieferte, ihnen ein Zeichen gegeben, gesagt: »Den ich küssen werde, er ist's! Ergreift ihn und führt ihn sicher ab!«	47 Und noch während er redet, siehe, Judas, einer der Zwölf, kam, und mit ihm eine große Schar mit Schwertern und Knüppeln von den Hohenpriestern und Ältesten des Volks. 48 Der ihn aber auslieferte, gab ihnen ein Zeichen, sagte: »Den ich küssen werde, er ist's! Ergreift ihn!«	47 Noch während er redet, siehe, eine Schar, und der genannte Judas, einer der Zwölf, ging ihnen voran;
4 Jesus nun, der alles über ihn Kommende kannte, ging hinaus und sagt ihnen: »Wen sucht ihr?« 5 Sie antworteten ihm: »Jesus, den Nazoräer!« Er sagt ihnen: »*Ich* bin's!« Es stand aber auch Judas, der ihn auslieferte, mit ihnen (da). 6 Wie er nun zu ihnen sprach: »Ich bin's«, gingen sie zurück und fielen zu Boden. 7 Wiederum nun fragte er sie: »Wen sucht ihr?« Sie aber sprachen: »Jesus, den Nazoräer!« 8 Jesus antwortete: »Ich sprach zu euch: ›*Ich* bin's!‹ Wenn ihr nun mich sucht, laßt diese hingehen!« 9 Es sollte das Wort, das er sprach, erfüllt werden: »Die du mir gegeben hast, ich habe niemanden von ihnen verloren.«[489]	45 Und gekommen, gleich trat er herzu zu ihm, sagt: »Rabbi!«; und er küßte ihn.	49 Und sogleich trat er herzu zu Jesus, sprach: »Sei gegrüßt, Rabbi!«, und er küßte ihn. 50 Jesus aber sprach zu ihm: »Freund, (tue), wozu du da bist!«	und er kam nahe zu Jesus, um ihn zu küssen. 48 Jesus aber sprach zu ihm: »Judas, mit einem Kuß lieferst du den Menschensohn aus?«
	46 Sie aber legten Hand an ihn und ergriffen ihn.	Dann traten sie herzu, legten Hand an Jesus und ergriffen ihn.	49 Da aber die um ihn sahen, was geschehen solle, sprachen sie: »Herr, sollen wir mit dem Schwert zuschlagen?«

---

[488] *Vgl 7, 32. 45.*   [489] *Vgl 6, 39; 17, 12.*

10 Simon Petrus nun hatte ein Schwert, zückte es und traf den Knecht des Hohenpriesters und schlug ihm das rechte Ohr ab. Der Name des Knechtes aber war Malchus.
11 Es sprach nun Jesus zu Petrus: »Stecke dein Schwert in die Scheide! Den Becher, den mir der Vater gegeben hat, soll ich ihn nicht trinken?«[490]

[Vgl 18, 36]

[Vgl V 12]

[Vgl Joh 7–11]

[Vgl 13, 30]

12 Die Kohorte nun und der Befehlshaber und die Diener der Juden verhafteten Jesus und banden ihn.

---

47 Einer der Dabeistehenden zog das Schwert, traf den Knecht des Hohenpriesters und hieb ihm das Ohr ab.

48 Und Jesus antwortete, sprach zu ihnen:

»Wie gegen einen Räuber seid ihr ausgegangen mit Schwertern und Knüppeln, mich zu verhaften!
49 Täglich war ich bei euch, im Tempel lehrend, und ihr habt mich nicht ergriffen.
Jedoch, damit erfüllt würden die Schriften!«

[Vgl V 46]

[Vgl Mk 15, 1]
50 Und sie (ver)ließen ihn, flohen alle.
[Vgl V 51–52: Der nackt fliehende Jüngling]

---

51 Und siehe, einer derer mit Jesus streckte die Hand aus, zog sein Schwert und schlug den Knecht des Hohenpriesters, hieb ihm da Ohr ab.

52 Dann sagt ihm Jesus: »Stecke dein Schwert zurück an seinen Ort!

Denn alle, die ein Schwert nehmen, werden durchs Schwert umkommen!
53 Oder meinst du, ich könnte nicht meinen Vater bitten, und er wird mir nun mehr als zwölf Legionen Engel bereitstellen? 54 Wie nun sollen die Schriften erfüllt werden, daß es so geschehen muß?«

55 In jener Stunde sprach Jesus zu den Scharen:

»Wie gegen einen Räuber seid ihr ausgegangen mit Schwertern und Knüppeln, mich zu verhaften! Täglich saß ich im Tempel lehrend, und ihr habt mich nicht ergriffen. 56a b Dies alles aber ist geschehen, damit die Schriften der Propheten erfüllt würden!«

57a Die aber ergriffen Jesus ...

[Vgl 27, 2]
56c Dann (ver)ließen ihn alle Jünger, flohen.

Und es schlug einer von ihnen

den Knecht des Hohenpriesters und hieb ihm das rechte Ohr ab.

51 Jesus aber antwortete, sprach: »Laßt ab! Bis hier!«

Und er berührte das Ohr und machte es gesund.
52 Es sprach aber Jesus zu den gegen ihn auftretenden Hohenpriestern und Tempelhauptleuten und Ältesten: »Wie gegen einen Räuber seid ihr ausgegangen mit Schwertern und Knüppeln.
53 Da ich täglich mit euch im Tempel war, habt ihr nicht die Hände gegen mich ausgestreckt;

aber dies ist eure Stunde und die Macht der Finsternis!«
54a Sie verhafteten ihn aber ...

---

490 Vgl Mk 10, 38c: »Könnt ihr trinken den Becher, den ich trinke?« 10, 39d: »Den Becher, den ich trinke, werdet ihr trinken.«
14, 36 »Und er sagte: ›Abba, Vater, alles ist dir möglich. Bring diesen Becher vorüber an mir! Aber nicht, was ich will, sondern was du (willst)‹!«

Mt 20, 22c: »Könnt ihr trinken den Becher, den ich trinken soll?« 20, 23b: »Meinen Becher zwar werdet ihr trinken.«
26, 39: »... betete und sagte: ›Mein Vater, wenn es möglich ist, gehe vorüber an mir dieser Becher! Jedoch nicht wie ich will, sondern wie du (willst)‹!« [Vgl V 42].

Lk 22, 42: »sagte: ›Vater, wenn du willst, bring diesen Becher vorüber an mir! Jedoch nicht mein Wille, sondern der deine geschehe‹!«

68. Abführung Jesu zu Hannas

Joh 18, 13–14

13* Und sie führten ihn zuerst zu Hannas;⁴⁹¹ er war nämlich der Schwiegervater des Kajafas, der Hoherpriester jenes Jahres war.
14 Es war aber Kajafas, der den Juden geraten hatte, es nütze, ein einziger Mensch sterbe für das Volk.⁴⁹²

Mk 14, 53a

53a Und sie führten Jesus ab zum

Hohenpriester;

Mt 26, 57a

57a Die aber ergriffen Jesus, führten ihn ab zu Kajafas,

dem Hohenpriester.

Lk 22, 54a

54a Sie verhafteten ihn aber, führten ihn ab und führten ihn in das Haus

des Hohenpriesters hinein.

69. Die Verleugnung des Petrus (Erster Teil)

Joh 18, 15–18

15 Es folgte aber Jesus Simon Petrus und ein anderer Jünger.⁴⁹³ Jener Jünger aber war mit dem Hohenpriester bekannt, und er ging zusammen mit Jesus in den Palast des Hohenpriesters hinein.
16 Petrus aber stand bei der Türe draußen.
Es ging nun der andere Jünger, der mit dem Hohenpriester bekannte, hinaus und sprach mit der Türhüterin und führte Petrus hinein.
17 Es sagt nun zu Petrus die Magd, die Türhüterin:
»Bist nicht auch *du* aus den Jüngern jenes Menschen?«
Jener sagt:
»Ich bin's nicht!«⁴⁹⁴
18 Es standen aber auch die Knechte und die Diener (da), hatten ein Feuer gemacht, weil Kälte war, und wärmten sich.
Es stand aber auch Petrus bei ihnen und wärmte sich.

Mk 14, 54a. 68b. 69–70a. 54b

54a Und Petrus, von weitem folgte er ihm

bis hinein in den Palast des Hohenpriesters.

68b Und er ging hinaus nach draußen in den Vorhof.

69 Und die Magd, da sie ihn sah, fing wiederum an, zu sagen den Dabeistehenden: »Dieser ist von ihnen!«
   [Vgl V 71]
70a Er aber leugnete wiederum.

54b Und er saß mit den Dienern zusammen

und wärmte sich beim Feuer.
[Vgl V 67]

Mt 26, 58a. 71–72. 58b

58a Petrus aber folgte ihm von weitem

bis zum Palast des Hohenpriesters; und hineingegangen …

71 Da er aber hinausging in das Torgebäude,

sah ihn eine andere und sagt zu denen dort:
»Dieser war mit Jesus, dem Nazoräer!«
   [Vgl V 74]
72 Und wiederum leugnete er mit einem Schwur: »Ich kenne den Menschen nicht!«

58b Und hineingegangen, saß er mit den Dienern, um das Ende zu sehen.

Lk 22, 54b. 58. 55

54b Petrus aber folgte von weitem.

58 Und nach kurzem sah ihn ein weiterer, sagte:
»Auch du bist von ihnen!«

Petrus aber sagte:
»Mensch, ich bin's nicht!«

55 Und da sie ein Feuer anzündeten in der Mitte des Hofs und sich zusammensetzten, saß Petrus mitten unter ihnen.
[Vgl V 56]

---

* In manchen Handschriften ist die Versabfolge anders: V 13. 24. 14f. 19–23. 16–18. 25b–27 oder 13. 24. 14–23. 25–27 oder 13a. 24. 13b–23. 24. 25–27.   ⁴⁹¹ *Vgl Lk 3, 2; Joh 18, 24.*   ⁴⁹² *Vgl 11, 49–51.*   ⁴⁹³ *Vgl 20, 3.*   ⁴⁹⁴ *Vgl 18, 25.*

70. Befragung Jesu durch Hannas

Joh 18, 19–24	Mk 14, 49a. 65b	Mt 26, 55c. 67b	Lk 22, 53a
19 Der Hohepriester nun fragte Jesus über seine Jünger und über seine Lehre. 20 Es antwortete ihm Jesus: »Ich, ich habe öffentlich geredet zur Welt.[497]	[Vgl Mk 14, 61 b][495]	[Vgl Mt 26, 63 b][496]	
Ich, ich habe allezeit in einer Synagoge und im Tempel gelehrt,[498] wo alle Juden zusammenkommen; und im Verborgenen habe ich nichts geredet! 21 Was fragst du mich? Frage die Hörer, was ich zu ihnen geredet habe. Sieh, diese wissen, was *ich* sprach!«	49a »Täglich war ich bei euch im Tempel lehrend, und ihr habt mich nicht ergriffen.«	55c »Täglich saß ich im Tempel lehrend, und ihr habt mich nicht ergriffen.«	53a »Da ich täglich mit euch im Tempel war, habt ihr nicht die Hände gegen mich ausgestreckt.«
22 Da er dies sprach, gab einer von den Dienern, der dabeistand, Jesus eine Ohrfeige, sprach: »So antwortest du dem Hohenpriester?«	65b Und die Diener (über)nahmen ihn mit Ohrfeigen.	67b Die aber ohrfeigten (ihn).	
23 Es antwortete ihm Jesus: »Wenn ich übel geredet habe, gib Zeugnis über das Üble. Wenn aber trefflich, was schlägst du mich?«			[Vgl 22, 67f]
24 Es sandte ihn nun Hannas gebunden zu Kajafas, dem Hohenpriester.	[Vgl Mk 14, 53 a][499]	[Vgl Mt 26, 57 a][500]	[Vgl Lk 22, 54][501]

---

[495] »Wiederum fragt ihn der Hohepriester und sagt ihm.«
[496] »Und der Hohepriester sprach zu ihm.«
[497] Vgl 7, 26.   [498] Vgl 6, 59; 7, 14.

[499] »Und sie führen Jesus ab zum Hohenpriester.«
[500] »Die aber ergriffen Jesus, führten ihn ab zu Kajafas, dem Hohenpriester.«
[501] »Sie verhafteten ihn aber, führten ihn ab und führten

ihn in das Haus des Hohenpriesters hinein.« 22, 66 »Und wie es Tag wurde, versammelte sich der Ältestenrat des Volks, Hohepriester und Schriftgelehrte; und sie führten ihn ab in ihr Synedrion.«

71. Die Verleugnung des Petrus (Zweiter Teil)

Joh 18, 25–27	*Mk 14, 66–68a. 70b–72a*	*Mt 26, 69–70. 73–74*	*Lk 22, 56–57. 59–60*
25 Simon Petrus aber stand (da) und wärmte sich. Sie sprachen nun zu ihm: »Bist nicht auch *du* aus seinen Jüngern?« Jener leugnete und sprach: »Ich bin's nicht!«[502]	66 Und während Petrus unten im Hof ist, kommt eine der Mägde des Hohenpriesters; 67 und da sie den Petrus sich wärmen sah, blickte sie ihn an, sagt: »Auch du warst mit dem Nazarener, dem Jesus!« 68a Er aber leugnete, sagte: »Weder weiß noch verstehe ich, was *du* sagst!« 70b Und nach einer Weile wiederum sagten die Dabeistehenden zu Petrus:	69 Petrus aber saß draußen im Hof. Und zu ihm trat eine Magd, sagte: »Auch du warst mit Jesus, dem Galiläer!« 70 Er aber leugnete vor allen, sagte: »Ich weiß nicht, was du sagst!« 73 Nach einer Weile aber traten die Dabeistehenden hinzu, sprachen zu Petrus:	56 Es sah ihn aber eine Magd sitzend beim Feuer; und sie fixierte ihn, sprach: »Auch dieser war mit ihm!« 57 Er aber leugnete, sagte: »Ich kenne ihn nicht, Frau!« 59 Und da etwa eine Stunde verstrichen war, bekräftigte ein anderer, sagte:
26 Es sagt einer aus den Knechten des Hohenpriesters, ein Verwandter dessen, dem Petrus das Ohr abgeschlagen hatte:[503] »Habe *ich* dich nicht im Garten mit ihm gesehen?«[504]	»Wahrhaftig, von ihnen bist du; denn auch du bist ein Galiläer!«	»Wahrhaftig, auch du, von ihnen bist du; denn auch deine Rede macht dich offenkundig!«	«Wahrheitsgemäß, auch dieser war mit ihm, denn auch er ist ein Galiläer!«
27 Wiederum nun leugnete Petrus. Und sogleich rief ein Hahn.[505]	71 Er aber fing an, zu fluchen und zu schwören: »Ich kenne diesen Menschen nicht, von dem ihr sagt!« 72a Und gleich, zum zweiten Mal, rief ein Hahn. *[Vgl weiter V 72 b. c]*	74 Dann fing er an, zu verfluchen und zu schwören: »Ich kenne den Menschen nicht!« Und sogleich rief ein Hahn. *[Vgl weiter V 75]*	60 Petrus aber sprach: »Mensch, ich weiß nicht, was du sagst!« Und sofort, während er noch redete, rief ein Hahn. *[Vgl weiter V 61 f]*

[502] *Vgl 18, 17.*   [503] *Vgl 18, 10.*   [504] *Vgl 18, 1.*   [505] *Vgl 13, 38.*

72. Das Verhör vor Pilatus – Jesu Auslieferung ans Kreuz

Joh 18, 28–19, 16a	Mk 15, 1–2. 6–9. 11. 15c. 16–19a. 13–14b. 5. 14c–15	Mt 27, 1–2. 11. 15–17. 20. 26c. 27–30. 22c–23. 14. 19a. 23c. 26	Lk 23, 1–3. 4–5. 17. 19. 18. 22d. 13–14. 15b. 21–22. 23–24
	1 Und gleich frühmorgens, nachdem die Hohenpriester mit den Ältesten und Schriftgelehrten und das ganze Synedrion einen Beschluß ausgefertigt hatten, banden sie Jesus, brachten ihn weg und lieferten ihn Pilatus aus.	1 Da aber Morgenfrühe geworden war, faßten alle die Hohenpriester und die Ältesten des Volks Beschluß gegen Jesus, ihn zu Tode zu bringen; 2 und sie banden ihn, führten ihn ab und lieferten ihn Pilatus, dem Präfekten, aus.	1 Und aufstand all ihre Menge;

28 Sie führen nun Jesus von Kajafas zum Prätorium. Es war aber frühmorgens. Und sie selbst gingen nicht hinein in das Prätorium, damit sie sich nicht befleckten, sondern das Pascha essen könnten.

sie führten ihn zu Pilatus.

[Vgl V 3]

[Vgl V 12]

2 Sie fingen aber an, ihn zu verklagen, sagten: »Diesen haben wir gefunden, unsere Nation verwirrend und hindernd, Abgaben dem Kaiser zu geben und sagend, er selbst sei Christus, König.«

29 Pilatus kam nun heraus nach draußen zu ihnen und sagt: »Welche Anklage bringt ihr gegen diesen Menschen vor?« 30 Sie antworteten und sprachen zu ihm: »Wenn dieser nicht ein Übeltäter wäre, hätten wir ihn dir nicht ausgeliefert!«

[Vgl V 14]

[Vgl V 23]   [Vgl Lk 22, 22]

31 Es sprach nun zu ihnen Pilatus: »Nehmt ihr ihn und nach eurem Gesetz richtet ihn!« Es sprachen nun zu ihm die Juden: »Uns ist es nicht erlaubt, jemanden zu töten!«[506]
32 Es sollte das Wort Jesu erfüllt werden, das er sprach, andeutend, durch welchen Tod er sterben sollte.[507]

11 Jesus aber wurde vor den Präfekten gestellt.

33 Pilatus ging nun wiederum in das Prätorium hinein und rief Jesus und sprach zu ihm: »Du bist der König der Juden?«

2 Und es fragte ihn Pilatus: »Du bist der König der Juden?« Er aber antwortete ihm, sagt: »Du sagst (das)?«

Und es fragte ihn der Präfekt, sagte: »Du bist der König der Juden?« Jesus aber sagte: »Du sagst (das)?«

3 Pilatus aber fragte ihn, sagte: »Du bist der König der Juden?« Er aber antwortete ihm, sagte: »Du sagst (das)?«

34 Jesus antwortete: »Sagst du dies von dir selbst (aus) oder haben andere zu dir über mich gesprochen?« 35 Pilatus antwortete: »Bin ich etwa ein Jude? Deine Nation und die Hohenpriester haben dich mir ausgeliefert![508] Was hast du getan?«
36 Jesus antwortete: »Mein Reich ist nicht von dieser Welt. Wenn mein Reich von dieser Welt wäre, hätten meine Diener gekämpft, damit ich nicht den Juden ausgeliefert würde. Jetzt aber ist mein Reich nicht von hier.«

[Vgl 26, 53]

---

[506] Vgl 19, 6f.   [507] Vgl 3, 14; 8, 28; 12, 33.   [508] Vgl 1, 11.

37 Es sprach nun zu ihm Pilatus: »Also bist *du* doch ein König?« Jesus antwortete: »*Du* sagst, daß ich ein König bin. Ich, ich bin dazu geboren und dazu in die Welt gekommen, damit ich für die Wahrheit zeuge.[509] Jeder, der aus der Wahrheit ist, hört auf meinen Ruf.«[510] 38 Es sagt ihm Pilatus: »Was ist Wahrheit?« Und da er dies gesprochen, ging er wiederum hinaus zu den Juden und sagt ihnen: »Ich, ich finde keinerlei Schuld an ihm.

[Vgl V 2]

[Vgl V 11]

[Vgl V 3]

4 Pilatus aber sprach zu den Hohenpriestern und zu den Scharen: »Nichts Schuldhaftes finde ich an diesem Menschen.«
5 Sie aber bekräftigten, sagten, daß er das Volk aufwiegelt, lehrend durch ganz Judäa, und angefangen von Galiläa bis hierher. *[Vgl V 6–16]*
17 Er war aber genötigt, ihnen zum Fest einen zu entlassen.*

[Vgl V 3]

[Vgl V 12]

39 Es ist aber ein Brauch bei euch daß ich euch einen entlasse am Pascha.

6 Zum Fest aber entließ er ihnen einen Gefangenen, den sie sich ausbaten. 7 Es war aber der Benannte, Barabbas, mit den Aufständischen in Haft, die bei dem Aufstand einen Mord verübt hatten. 8 Und die Schar stieg herauf, fing an zu verlangen, wie sie gewohnt waren. 9 Pilatus aber antwortete ihnen, sagte:

15 Zum Fest aber pflegte der Präfekt, einen Gefangenen der Schar zu entlassen, den sie wollten. 16 Sie hatten damals aber einen berüchtigten Gefangenen, genannt Jesus Barabbas.

17 Da sie sich nun versammelten,

19 Der aber war wegen eines in der Stadt geschehenen Aufstands und Mordes ins Gefängnis geworfen.

Wollt ihr nun, (so) werde ich euch den König der Juden entlassen!«

»Wollt ihr, (so) werde ich euch den König der Juden entlassen!« *[Vgl V 10]*   *[Vgl Mt 26, 18f]*

sprach Pilatus zu ihnen: »Wen, wollt ihr, soll ich euch entlassen, Jesus, den Barabbas, oder Jesus, den (so) genannten Christus?«

40 Sie schrien nun wiederum, sagten: »Nicht diesen, sondern den Barabbas!« Barabbas aber war ein Räuber.[511]

11 Die Hohenpriester aber wiegelten die Schar auf, daß er ihnen lieber den Barabbas entlassen solle.

20 Die Hohenpriester aber und die Ältesten überredeten die Scharen, daß sie den Barabbas forderten, Jesus aber vernichteten.

18 Sie schrien aber allesamt, sagten: »Hinweg mit diesem, entlasse aber uns den Barabbas!«

[Vgl weiter V 12–14]

[Vgl weiter V 21–25]

[Vgl weiter V 20–24]

19, 1 Dann nun nahm Pilatus Jesus und ließ ihn auspeitschen.
2 Und die Soldaten,

15c … nachdem er ihn hatte geißeln lassen …
16 Die Soldaten aber führten ihn ab ins Innere des Palastes, das ist (das) Prätorium. Und sie rufen die ganze Kohorte zusammen. 17 Und sie ziehen ihm ein Purpurgewand an und legen ihm, nachdem sie (ihn) geflochten hatten, einen Dornenkranz um.

26c … nachdem er ihn hatte geißeln lassen …
27 Dann nahmen die Soldaten des Präfekten Jesus in das Prätorium mit; sie versammelten bei ihm die ganze Kohorte. 28 Und nachdem sie ihn ausgezogen, legten sie ihm einen scharlachroten (Soldaten)Mantel um, 29 und nachdem sie geflochten hatten einen Kranz aus Dornen, setzten sie (ihn) auf seinen Kopf, und ein Rohr in seiner Rechten; und sie fielen auf die Knie vor ihm, verspotteten ihn, sagten: »Sei gegrüßt, König der Juden!« 30 Und sie spien auf ihn, nahmen das Rohr und schlugen auf seinen Kopf.

22d »Gezüchtigt nun werde ich ihn entlassen!«

[Vgl 23, 11]

nachdem sie einen Kranz aus Dornen geflochten hatten, setzten sie (ihn) ihm auf den Kopf und ein Purpurkleid warfen sie ihm um.
3 Und sie kamen zu ihm und sagten: »Sei gegrüßt, (du) König der Juden!« Und sie gaben ihm Ohrfeigen.[512]

18 Und sie fingen an, ihn zu begrüßen: »Sei gegrüßt, König der Juden!«
19a Und sie schlugen ihm den Kopf mit einem Rohr und spien ihn an.

---

* V 17 ist textkritisch unsicher.   [509] Vgl 3, 32 f.   [510] Vgl 8, 47; 1 Joh 4, 6.   [511] Vgl Apg 3, 14.   [512] Vgl 18, 22.

4 Und Pilatus ging wiederum hinaus, nach draußen, und sagt ihnen: »Sieh, ich führe ihn euch nach draußen, damit ihr erkennt, daß ich keinerlei Schuld finde an ihm.« [Vgl 18, 38]

[Vgl Lk 23, 4]

13 Pilatus aber rief die Hohenpriester und die Vorsteher und das Volk zusammen, 14 sprach zu ihnen: ... »siehe, *ich* habe angesichts eurer gerichtlich untersucht, nichts an diesem Menschen schuldig gefunden, worüber ihr Anklage erhebt gegen ihn ...
15 b und siehe, nichts Todeswürdiges ist verübt worden (von) ihm.«

5 Jesus kam nun heraus, nach draußen, trug den Dornenkranz und das Purpurkleid. Und er sagt ihnen: »Siehe, der Mensch!«
6 Als nun die Hohenpriester und die Diener ihn sahen, schrien sie, sagten: »Kreuzige! Kreuzige!« Es sagt ihnen Pilatus: »Nehmt *ihr* ihn und kreuzigt (ihn)!⁵¹³ Denn ich, ich finde an ihm keine Schuld.«

13 Sie aber wiederum schrien »Kreuzige ihn!«
14 Pilatus aber sagte ihnen: »Was hat er denn Übles getan?«

22 c Sie sagen alle: »Er soll gekreuzigt werden!«
23 Er aber sagte: »Was hat er denn Übles getan?«

21 Sie aber riefen dagegen, sagten: »Kreuzige, kreuzige ihn!«
22 Er aber sprach ein drittes Mal zu ihnen: »Was hat dieser denn Übles getan? Nichts Todesschuldhaftes fand ich an ihm!

7 Es antworteten ihm die Juden: »Wir, wir haben ein Gesetz, und nach dem Gesetz muß er sterben, weil er sich selbst zum Sohn Gottes gemacht hat!«⁵¹⁴
8 Als nun Pilatus dieses Wort hörte, fürchtete er sich mehr. 9 Und er ging wiederum hinein in das Prätorium und sagt zu Jesus: »Woher bist *du*?« Jesus aber gab ihm keine Antwort.

5 Jesus aber antwortete nichts mehr, so daß Pilatus staunte.

14 Und er antwortete ihm nicht, zu keiner einzigen Sache, so daß der Präfekt sehr staunte.

10 Es sagt ihm nun Pilatus: »Du redest nicht mit mir? Weißt du nicht, daß ich Vollmacht habe, dich zu entlassen, und Vollmacht habe, dich zu kreuzigen?«
11 Es antwortete Jesus: »Du hättest keinerlei Vollmacht gegen mich, wenn (es) dir nicht von oben gegeben wäre!⁵¹⁵ Deshalb hat der, der mich dir auslieferte, größere Sünde.«
12 Daraufhin suchte Pilatus, ihn zu entlassen. Die Juden aber schrien, sagten: »Wenn du diesen entläßt, bist du nicht ›Freund des Kaisers‹. Jeder, der sich selbst zum König macht,⁵¹⁶ widerspricht dem Kaiser!«

Gezüchtigt nun werde ich ihn entlassen.«

---

⁵¹³ *Vgl 18, 31.*   ⁵¹⁴ *Vgl Lev 24, 16; Joh 18, 31; 5, 18; 10, 33.*   ⁵¹⁵ *Vgl 10, 18; Röm 13, 1.*   ⁵¹⁶ *Vgl 18, 37; Apg 17, 7.*

13 Da nun Pilatus diese Worte hörte, führte er Jesus nach draußen. Und er setzte sich auf den Richterstuhl an einen Ort, genannt Lithostratos, auf hebräisch aber Gabbata.
14 Es war aber Rüsttag des Pascha; es war um die sechste Stunde. Und er sagt den Juden: »Sieh, euer König!«
15 Jene nun schrien: »Hinweg! Hinweg![517] Kreuzige ihn!« Es sagt ihnen Pilatus: »Euren König soll ich kreuzigen?« Es antworteten die Hohenpriester: »Nicht haben wir einen König, nur den Kaiser!«

16a Dann nun

lieferte er ihn
ihnen aus, daß er
gekreuzigt werde.

19a Da er aber auf dem Richterstuhl saß ...

[Vgl 15, 33]

[Vgl 27, 45]

[Vgl 23, 44]

14c Sie aber schrien überschwenglich: »Kreuzige ihn!«

23c Sie aber schrien überschwenglich, sagten: »Er soll gekreuzigt werden!«

23 Sie aber drängten, mit lauten Rufen verlangend, er solle gekreuzigt werden.

[Vgl V 24f]

Und ihre Rufe hatten Erfolg.
24 Und Pilatus entschied, es solle ihr Verlangen geschehen. 25 Er entließ aber den wegen Aufstands und Mords ins Gefängnis Geworfenen, den sie verlangten, Jesus aber lieferte er ihrem Willen aus.

15 Pilatus aber wollte der Schar Genüge tun; er entließ ihnen den Barabbas

und lieferte Jesus, nachdem er ihn hatte geißeln lassen, aus, daß er gekreuzigt werde.

26 Dann entließ er ihnen den Barabbas,

Jesus aber lieferte er, nachdem er ihn hatte geißeln lassen, aus, daß er gekreuzigt werde.

---

[517] *Vgl Lk 23, 18.*

73. Jesu Kreuzigung

Joh 19, 16b–24c | **Mk 15, 20b–24a. 27. 26. 24** | **Mt 27, 31b–35a. 38. 37. 35** | **Lk 23, 26. 33. 38. 34b**

16b Sie nahmen nun Jesus mit.

17 Und er schleppte selbst das Kreuz, kam heraus zu dem (so) genannten Schädels-Ort, der auf Hebräisch genannt ist: Golgota,

18 wo sie ihn kreuzigten und mit ihm andere zwei, hüben und drüben, in der Mitte aber Jesus.
19 Geschrieben aber hatte Pilatus auch einen Titel und (an)gebracht an dem Kreuz; es war aber geschrieben: »Jesus, der Nazoräer, der König der Juden.«
20 Diesen Titel nun lasen viele der Juden, weil der Ort nahe bei der Stadt war, wo Jesus gekreuzigt wurde. Und er stand geschrieben auf Hebräisch, Lateinisch (und) Griechisch.
21 Es sagten nun zu Pilatus die Hohenpriester der Juden: »Schreibe nicht: ›Der König der Juden‹, sondern daß jener sprach: ›(Der) König der Juden bin ich!‹«
22 Pilatus antwortete: »Was ich geschrieben habe, habe ich geschrieben!«
23 Die Soldaten nun, als sie Jesus gekreuzigt hatten, nahmen seine Kleider und machten vier Teile, für jeden Soldaten ein Teil, dazu das Gewand. Das Gewand aber war nahtlos, von oben her ganz durchgewebt.
24 Sie sprachen nun zueinander: »Wir wollen es nicht zerreißen, sondern über es losen, wessen es sein soll.« So sollte die Schrift(stelle) erfüllt werden, (die sagt):
SIE VERTEILTEN MEINE KLEIDER UNTER SICH UND UM MEINE KLEIDUNG WARFEN SIE DAS LOS.[518]

20b Und sie führen ihn hinaus, um ihn zu kreuzigen. **21** Und sie zwingen einen Entlanggehenden, Simon aus Kyrene, der vom Feld kommt, den Vater von Alexander und Rufus, daß er sein Kreuz trage.
22 Und sie bringen ihn auf den Golgota-Ort, das heißt übersetzt, Schädels-Ort.
23 Und sie (wollten) ihm geben mit Myrrhe gewürzten Wein; er aber nahm (ihn) nicht.
24a Und sie kreuzigen ihn;
27 Und mit ihm kreuzigen sie zwei Räuber, einen zur Rechten und einen zu seiner Linken.
26 Und es war die Aufschrift seiner Schuld aufgeschrieben:

»Der König der Juden.«

24 Und sie kreuzigen ihn;

und
SIE VERTEILEN SEINE KLEIDER, INDEM SIE (DAS) LOS UM SIE WERFEN, wer was nehmen solle.

31b Und sie führten ihn ab zur Kreuzigung. **32** Als sie aber hinausgingen, fanden sie einen Menschen aus Kyrene, mit Namen Simon; diesen zwangen sie,

daß er sein Kreuz trage.
33 Und gekommen zu einem Ort, genannt Golgota, das heißt Schädels-Ort genannt,
34 gaben sie ihm zu trinken Wein, mit Galle gemischt. Und da er (ihn) geschmeckt, wollte er nicht trinken.
35a Da sie ihn aber gekreuzigt hatten ...
38 Dann werden gekreuzigt mit ihm zwei Räuber, einer zur Rechten und einer zur Linken.
37 Und sie brachten über seinem Kopf seine Schuld geschrieben

an: »Dieser ist Jesus, der König der Juden.«

35 Da sie ihn aber gekreuzigt hatten,

VERTEILTEN SIE SEINE KLEIDER, INDEM SIE (DAS) LOS WARFEN.

---

26 Und wie sie ihn abführten,

packten sie einen Simon aus Kyrene, der vom Feld kam;

sie legten ihm das Kreuz auf, (es) hinter Jesus herzubringen.
33 Und als sie kamen auf den Ort, den Schädel gerufenen,

kreuzigten sie ihn dort und die Übeltäter, den einen zur Rechten, den anderen zur Linken.
38 Es war aber auch eine Aufschrift über ihm:

»Der König der Juden (ist) dieser.«

34b INDEM SIE ABER SEINE KLEIDER VERTEILTEN, WARFEN SIE LOSE.

---

[518] Vgl Ps 22, 18.

74. Die Frauen beim Kreuz

Joh 19, 24d–27	*Mk 15, 40–41*	*Mt 27, 36. 55–56*	*Lk 23, 49*
24d Die Soldaten zwar taten nun dies. 25 Es standen aber bei dem Kreuz Jesu seine Mutter und die Schwester seiner Mutter, Maria, die des Klopas, und Maria, die von Magdala. 26 Jesus nun sah die Mutter und den Jünger dabeistehen, den er liebte, [519] sagt der Mutter: »Frau, sieh, dein Sohn!« 27 Darauf sagt er dem Jünger: »Sieh, deine Mutter!« Und von jener Stunde an nahm der Jünger sie zu dem Eigenen. [520]	40 Es waren aber auch Frauen von weitem (zu)schauend, unter ihnen auch Maria, die von Magdala, und Maria, die (des) Jakobus, des Kleinen, und (des) Joses Mutter und Salome, 41 die, als er in Galiläa war, ihm folgten und ihm dienten, und viele andere, die mit ihm heraufgestiegen waren nach Jerusalem.	36 Und sie saßen (da), bewachten ihn dort. 55 Es waren aber dort viele Frauen von weitem (zu)schauend, welche Jesus gefolgt waren von Galiläa, ihm dienend. 56 Unter ihnen war Maria, die von Magdala, und Maria, die des Jakobus und (des) Josef Mutter, und die Mutter der Söhne (des) Zebedäus.	49 ES STANDEN aber alle DIE IHM BEKANNTEN VON WEITEM [518a] und Frauen, die ihm gefolgt waren von Galiläa, dies zu sehen.

75. Der Tod Jesu

Joh 19, 28–30	*Mk 15, 34–36a. 37*	*Mt 27, 46–48. 50*	*Lk 23, 36. 46*
28 Danach, da Jesus wußte, daß schon alles vollendet war, sagt er, damit die Schrift erfüllt würde: »MICH DÜRSTET!« [521] 29 Es lag (da) ein Gefäß voll ESSIG. Einen Schwamm nun voll des ESSIGS [522] legten sie um einen Ysopstengel und brachten (ihn) zu seinem Mund. 30 Als er nun den Essig genommen hatte, sprach Jesus: »Es ist vollendet.« [524] Und er neigte den Kopf, übergab den Geist.	34 Und zur neunten Stunde schrie Jesus mit lautem Ruf: »Eloi, Eloi, lema sabachthani!«, das heißt übersetzt: »MEIN GOTT, MEIN GOTT, WARUM HAST DU MICH VERLASSEN!« [521a] 35 Und einige der Dabeistehenden sagten, da sie (es) hörten: »Sieh, den Elija ruft er!« 36a Es lief aber einer und machte einen Schwamm voll mit ESSIG, legte (ihn) um ein Rohr und TRÄNKTE ihn. [Vgl V 36b] 37 Jesus aber (ent)ließ einen lauten Ruf, hauchte (sein Leben) aus.	46 Um die neunte Stunde aber schrie Jesus auf mit lautem Ruf, sagte: »Eli, Eli, lema sabachthani!«, dies heißt: »MEIN GOTT, MEIN GOTT, WOZU HAST DU MICH VERLASSEN!« 47 Einige aber der dort Stehenden sagten, da sie (es) hörten: »Den Elija ruft dieser!« 48 Und sogleich lief einer von ihnen und nahm einen Schwamm, füllte ihn mit ESSIG und legte (ihn) um ein Rohr (und) TRÄNKTE ihn. [Vgl V 49] 50 Jesus aber schrie wiederum mit lautem Ruf, (ent)ließ den Geist.	36 Es verspotteten ihn aber auch die Soldaten, indem sie hinzutraten und ESSIG zu ihm brachten. [Vgl V 37] 46 Und rufend mit lautem Ruf sprach Jesus: »VATER, IN DEINE HÄNDE EMPFEHLE ICH MEINEN GEIST.« [523] Da er aber dies gesprochen, hauchte er (sein Leben) aus.

76. Todesbeweis – Schrifterfüllung

Joh 19, 31–37

31 Die Juden nun, da Rüsttag war, [525] damit die Leiber nicht am Sabbat am Kreuz blieben, [526] – denn groß war der Tag jenes Sabbats – baten den Pilatus, sie möchten ihnen die Beine zerbrechen und sie wegnehmen. 32 Es kamen nun die Soldaten, und dem ersten zwar zerbrachen sie die Beine, und dem anderen mit ihm Gekreuzigten. 33 Da sie aber zu Jesus gekommen, zerbrachen sie, wie sie sahen, daß er schon gestorben war, ihm die Beine nicht.

34 Vielmehr stieß einer der Soldaten mit der Lanze in seine Seite, und heraus kam gleich Blut und Wasser. [526a] 35 Und der (es) schaute, hat (es) bezeugt, und wahr ist sein Zeugnis; und jener weiß, daß er Zuverlässiges sagt, damit auch *ihr* glaubt. [526b] 36 Denn dies ist geschehen, damit die Schrift erfüllt würde: EIN KNOCHEN SOLL IHM NICHT GEBROCHEN WERDEN. [526c] 37 Und wiederum sagt eine weitere Schrift(stelle): SIE WERDEN AUF DEN BLICKEN, DEN SIE DURCHBOHRT HABEN. [527]

[518a] Ps 38, 12.
[519] Vgl 13, 23; 20, 2; 21, 7. 20.
[520] Vgl 1, 11.
[521] Vgl Ps 22, 15.
[521a] Ps 22, 2.
[522] Ps 69, 21.
[523] Ps 31, 5.
[524] Vgl Ijob 19, 26 (LXX).
[525] Vgl Mk 15, 42 parr.
[526] Vgl Dtn 21, 22 f.
[526a] Vgl 1 Joh 5, 6. 8.
[526c] Vgl Ex 12, 46; Num 9, 12; Ps 34, 20.
[527] Vgl Sach 12, 10; Offb 1, 7.
[526b] Vgl 21, 24.